Schriften des Collegium Europaeum Jenense

Ärzte ohne Grenzen e.V.

BÜRGERKRIEG UND VERTREIBUNG
EXISTENTIELLE HERAUSFORDERUNGEN

GUERRE CIVILE ET EXPULSION
DÉFIS EXISTENTIELS

D1719356

COLLEGIUM EUROPAEUM JENENSE
an der Friedrich-Schiller-Universität Jena

MEDECINS SANS FRONTIERES
ÄRZTE OHNE GRENZEN e.V.

BÜRGERKRIEG UND VERTREIBUNG
EXISTENTIELLE HERAUSFORDERUNGEN

GUERRE CIVILE ET EXPULSION
DÉFIS EXISTENTIELS

U. ZWIENER / H. HUBEL / Y. MUKAGASANA
U. v. PILAR / R. SÜSSMUTH (HRSG.)

JENA 2000

Collegium Europaeum Jenense (CEJ) Jena, Schillergäßchen 2
[Schriften des Collegium Europaeum Jenense, 22]

CIP-Titelaufnahme der Deutschen Bibliothek
Bürgerkrieg und Vertreibung - Existentielle Herausforderungen
Guerre Civile et Expulsion - Défis existentiels
hrsg.: von Ulrich Zwiener, Helmut Hubel, Yolande Mukagasana,
Ulrike von Pilar und Rita Süssmuth
1. Aufl. - Jena: Collegium Europaeum Jenense, 2000 - 104 S.
CEJ Jena, Schillergäßchen 2
[Schriften des Collegium Europaeum Jenense; 22]
ISBN 3-933159-08-3

Wir danken der Thüringer Staatskanzlei für die freundliche Unterstützung der
Drucklegung.

© Collegium Europaeum Jenense Jena, Schillergäßchen 2
1. Auflage 2000
ISBN 3-933159-08-3
Übersetzungen: Deutsche Übersetzung der Rede von Mme. Mukagasana: Guil-
laume Michel
Französische Übersetzung: Marie-Caude Declerck
Fotos: 1, 6-8: Alain Kazinierakis/MSF; 3: SOS-Kinderdörfer; 2, 5, 9 u.10:
Annegret Günther (Fotozentrum FSU Jena)
Satz: Christel Fenk
Herstellung: Druckhaus Gera

Inhalt
Sommaire

Yolande Mukagasana, Trägerin des Preises
für Internationale Verständigung und Menschenrechte 1999
*Le Prix 1999 de la compréhension internationale et des droits de l'homme été
décerné à Yolande Mukagasana.*

ULRICH ZWIENER

Vorwort

Am 12. November 1999 erhielt Mme. Yolande Mukagasana in der Aula der Friedrich-Schiller-Universität Jena den Preis für Internationale Verständigung und
Menschenrechte der gleichnamigen Stiftung. Damit wurden ihre herausragenden
Leistungen bei der Unterrichtung der Weltöffentlichkeit über die Massaker an
über einer Million Menschen in Ruanda, ihre individuellen Analysen dieser Mordeskalationen und ihre Bemühungen um Resozialisierung geehrt. Besonders
gewürdigt wurde, daß sie als persönlich schwer Betroffene diese bemerkenswer-
ten Initiativen unternommen hat. Die Jenaer Stiftung wollte mit dieser Verleihung ebenso die öffentliche Aufmerksamkeit auf die entsetzliche Brutalisierung
der Bürgerkriege und Vertreibungen am Ende dieses Jahrhunderts richten: Heute
sterben in diesen Bürgerkriegen größtenteils Zivilisten! Das betrifft besonders
die Schwächeren der Gesellschaft, nämlich Frauen und Kinder. Die Stiftung
wollte damit aber auch betonen, wie wichtig herausragende Persönlichkeiten,
besonders engagierte Frauen, bei der Überwindung des Hasses der unzähligen
Täter und Sympathisanten und der permanenten existentiellen Angst der Opfer
sind. Das anschliessende Round-table sollte besonders dazu dienen, die komple-
xen Hintergründe von derartigen Massenvertreibungen und Genoziden zu erhellen. Beides ist entscheidend für die angemessene Reaktion auf diese Verbrechen
und für die Chancen einer so schwer verwundeten Gesellschaft, wie der von
Ruanda, und für eine zivile Erneuerung. Es gilt in ähnlicher Weise heute für eine
Reihe von weiteren Ländern und Regionen weltweit, wie für Bosnien, den Kosovo, Ost-Timor, Sierra Leone, DR Kongo, Burundi, Äthiopien und auch für die
Kaukasusregion.
Der Hinweis auf den meist lokalen Charakter dieser Konflikte berechtigt zukünftig nicht mehr dazu, sie als weltpolitisch wenig relevant einzuschätzen, werden
doch dabei nicht nur Völker und Kulturen schwer geschädigt oder zerstört, sondern auf Generationen neue Hasspotenziale geschaffen und auch beträchtliche,
schwer korrigierbare infrastrukturelle bis ökologische Schäden verursacht.
Humanitäre Hilfe ist während und nach derartigen Bürgerkriegen und Vertreibungen von essentieller Bedeutung für das Überleben derartig betroffener Gesellschaften. Was UNO, Unicef und andere nicht vermochten, haben häufig sog.
NGOs, die Non-Government-Organisations, in einer bewundernswürdigen
Weise geleistet oder zumindest unter Einsatz des Lebens ihrer Mitarbeiter zu leisten versucht. In Ruanda waren die Médecins Sans Frontiéres (die Organisation

der Ärzte ohne Grenzen) die einzigen, die während des Massakers die UNO auf das Geschehen hinwiesen. Sie haben an vielen Stellen der Welt Unschätzbares geleistet. Die Stiftung ist sehr dankbar, dass mit dem Collegium Europaeum Jenense auch die Ärzte ohne Grenzen e.v. (Gruppe Deutschland) die Veranstaltung engagiert mitgestalteten und dieses Buch mitherausgeben.

Es zeigte sich aber gerade in diesem Round-table „Bürgerkrieg und Vertreibung", dass humanitäre Hilfe als politisches Handlungsinstumentarium in derartigen entsetzlichen Konflikten nicht ausreicht. Organisationen humanitärer Hilfe wurden - auch in Ruanda - angesichts des Versagens politischer und militärischer Interventionen von Konfliktparteien sogar für ihre Interessen instrumentalisiert. Die breite Analyse der bisherigen politischen Fehler und schweren konzeptionellen Schwächen der politisch Verantwortlichen ist dringend nötig. Das ist die Voraussetzung für überzeugende Strategien zur Verhinderung und wirksamen Bekämpfung solcher Genozide und Vertreibungen. Erste Ansätze wurden in diesem Round-table sichtbar. Frühwarn- und Konfliktverhütungssysteme gilt es genauso systematisch und rasch aufzubauen, wie eine tatsächliche Führungsfähigkeit der Vereinten Nationen, denn es ist zu befürchten, dass die Zahl lokaler Konfliktherde in der Welt weiter zunimmt. Die Notwendigkeit derartigen Engagements und die enormen Gefahren politischer Passivität möchte diese Schrift mit Schilderungen der Betroffenen, den bewunderungswürdigen Leistungen von einzelnen und dem kritischen Hinterfragen der Ereignisse und Reaktionen in das aktuelle Bewusstsein rücken. Das Collegium Europaeum Jenense an der Friedrich-Schiller-Universität als Mitveranstalter wird sich mit diesem international noch unzureichend bearbeiteten Problemkreis weiter beschäftigen.

Ulrich Zwiener
für die Herausgeber

ULRICH ZWIENER

Préface

C'est le 12 novembre 1999 à Iéna, dans la salle des fêtes de l'université Schiller, que Madame Yolande Mukagasana s'est vu remettre le prix de la Compréhension internationale et des Droits de l'homme, attribué par la fondation du même nom. Un prix qui est venu récompenser les exploits exceptionnels de Madame Yolande Mukagasana au plan de l'information: c'est elle qui a mis la communauté internationale au courant de massacres qui ont touché plus d'un million de personnes au Rwanda, elle aussi qui a proposé son analyse personnelle de l'escalade meurtrière, elle encore qui a accompli des efforts démesurés en matière de resocialisation. Des efforts d'autant plus méritoires qu'elle a pris ces remarquables initiatives alors même que les événements l'avaient personnellement touchée de plein fouet. En lui décernant ce prix, la fondation d'Iéna a voulu aussi mettre en relief l'incroyable brutalité des guerres civiles et des expulsions qui sévissent en cette fin de siècle. Car la plupart des victimes des guerres civiles sont elles-mêmes des civils. Ce sont le plus souvent les personnes les plus vulnérables de la société: les femmes et les enfants. Par ce prix, la fondation a voulu également souligner le rôle de personnalités exceptionnelles - en particulier de femmes engagées - lorsqu'il s'agit à la fois de surmonter la haine suscitée par les innombrables auteurs de ces crimes et leurs sympathisants et d'apaiser l'angoisse existentielle permanente des victimes. La table ronde qui a clos la cérémonie visait surtout à élucider les tenants et aboutissants complexes des exodes massifs et des génocides.

Deux aspects décisifs pour déterminer la réponse qu'il convient d'apporter à ces crimes, pour évaluer les chances dont dispose encore une société aussi durement éprouvée que celle du Rwanda et les perspectives du renouveau civil. Une approche qui pourra s'appliquer de façon identique à nombre de pays ou de régions dispersés du monde entier, qu'il s'agisse de la Bosnie, du Kosovo, du Timor-Oriental, de la Sierra Leone, du Congo, du Burundi, de l'Éthiopie ou même du Caucase.

Le fait que la plupart de ces conflits ne concernent que des aires localement circonscrites ne permettra plus à l'avenir de les sous-estimer en déclarant qu'ils ne présentent guère d'intérêt au plan de la politique mondiale. Car, non contents de blesser ou d'exterminer des peuples, ces conflits génèrent des potentiels de haine qui resteront vivaces de génération en génération. De plus, il faut se garder de passer sous silence les dégâts considérables - infrastructurels ou écologiques -

auxquels il sera difficile de remédier.

Pendant et après de telles guerres civiles et de tels exodes de réfugiés, l'aide humanitaire présente une importance capitale pour la survie de sociétés aussi durement touchées. Lorsque l'ONU, l'UNICEF ou d'autres instances se révèlent impuissantes à agir, ce sont les organisations non gouvernementales qui prennent la relève - ou qui, tout au moins, s'efforcent de le faire, d'une façon admirable et bien souvent au péril de la vie de ceux qu'ils envoient sur le terrain. Au Rwanda, seul Médecins Sans Frontières a attiré l'attention de l'ONU sur les massacres qui s'y déroulaient. En de nombreux endroits du monde, ces médecins ont apporté une aide d'une valeur inestimable. La fondation tient donc à exprimer sa reconnaissance à MSF (section allemande) qui, aux côtés du Collège européen d'Iéna et en mettant dans la balance tout le poids de son engagement, a participé à l'organisation de cette manifestation et à l'édition de ce recueil.

Pourtant, cette table ronde «Guerre civiles et expulsions»   montre justement que, lorsque les conflits atteignent une telle violence et une telle ampleur, l'aide humanitaire ne constitue pas un instrument d'action politique suffisant. Au Rwanda comme ailleurs, après l'échec des interventions politiques et militaires, les adversaires en présence n'ont pas hésité à instrumentaliser l'aide des organisations humanitaires et à la mettre au service de leurs propres intérêts.

Il est urgent de procéder à l'analyse des erreurs politiques commises jusqu'à maintenant et des graves faiblesses conceptuelles des responsables politiques. C'est la condition sine qua non de la mise en œuvre de stratégies convaincantes, aptes à éviter et à combattre de tels génocides et de telles exodes. Les prémisses d'un tel revirement sont apparues lors de cette table ronde. Il importe de mettre en place - systématiquement et rapidement - des structures d'alarme précoce et de prévention de conflit, tout en assurant aux Nations unies la possibilité concrète de prendre les choses en main : en effet, l'éventualité que le nombre des foyers de conflits se multiplie de par le monde n'est que trop réelle. Faisant appel aux témoignages de victimes, soulignant les actions admirables de personnes agissant à titre individuel et dévoilant de manière critique la toile de fond des événements et des réactions qu'ils suscitent, le présent ouvrage se propose donc de sensibiliser l'opinion en lui faisant comprendre la nécessité de tels engagements et les dangers incommensurables de la passivité en matière de politique.

Ulrich Zwiener
au nom des éditeurs

I. DOKUMENTATION DER PREISVERLEIHUNG
I. DOCUMENTATION SUR LA REMISE DU PRIX

ULRICH ZWIENER

**Antworten auf existentielle Herausforderungen -
Yolande Mukagasana und Hermann Gmeiner**

Trés honorée Mme. Mukagasana!
Hochverehrte Festversammlung!

Vor drei Jahren hat an diesem Orte Tadeusz Mazowiecki, der erste Preisträger unserer Stiftung, seine bitteren Erfahrungen als UNO-Sonderberichterstatter aus den Mordeskalationen in Bosnien geschildert.[1] Angesichts des Todes selbst von tausenden unschuldigen Kindern aus Srebrenica im Beisein untätiger oder ohnmächtiger UNO-Soldaten hatte er UN-Generalsekretär Butros-Ghali geschrieben: „Jetzt muss man sich dem Wesen dieser Verbrechen, der Verantwortung Europas und der Ohnmacht bewusst werden, der sich die internationale Gemeinschaft gegenüber gestellt sieht... Wie kann man erwarten, dass diese Kinder und jene, die man heute hier aufgibt, das Europa von morgen schaffen könnten?"[2]

Und hier vor uns zitierte er die grosse Zofia Nalkowska, die nach Auschwitz ein Buch überschrieben hatte mit „Menschen haben das Menschen angetan!"[1]. Damals hatte sich die Menschheit durch die teuflische Perfektion des industriellen Genozids, entwickelt in unserem Lande, selbst in Frage gestellt. Paul Celan schrie nach dem Verlust seiner Angehörigen im Holocaust, tödlich verzweifelt, in die verstörte Gesellschaft: „Macht das Wort aus!" und wählte schliesslich den Freitod.

Kaum vierzig Jahre später verfielen grosse Teile des ruandischen Volkes, Mörder wie überlebende Opfer, angesichts seiner einen Million Toten in ausweglosem Schweigen.

Dr. Mungadamutsa, Psychiater in Kigali, erlebt sein Land in dieser Lage als riesiges Gefängnis des Schweigens. Tausende Stumme stehen vor den Toren der Psychotherapie, und das erste Wort einer Siebzehnjährigen nach jahrelangem Verstummen ist: „Ich kann nicht reden, weil mich das an die Schreie meiner Mutter erinnert, als man ihr kurz vor ihrer Ermordung die Haare ausriss."

14

Yolande Mukagasana hat dieses Schweigen der Betroffenen als eine der ersten gebrochen. Sie, die selbst Ihre ganze Familie und fast alle Angehörigen in dem Massaker 1994 verlor, flüchtete nach Westeuropa, klärte dort Experten und Engagierte über die individuellen Mechanismen der Mordeskalation auf, ging zurück an den Ort ihres Grauens, brachte die stummen Mörder und die ebenso verstummten, seelisch erstarrten Opfer zum Sprechen und damit zu einem ersten Schritt zurück zum menschlichen Leben und seiner Bewältigung. Ein Resozialisierungs- oder Rehumanisierungsprogramm, wie sie es nannte, unterstützte und entwickelte sie auch aus diesen Gesprächen zusammen mit den so verdienstvollen Ärzten ohne Grenzen e.V.

Ursprünglich hatte die griechische Antike dem Begriff logos (für das „Wort" oder „die Sprache") einen doppelten Sinn gegeben, nämlich den von Wort und Vernunft, auch für das Vermögen dazu. Yolande Mukagasana hat auf die tödliche Verzweiflung Paul Celans geantwortet: Sie hat das Wort für viele wieder gefunden und damit auch die Chance rationaler Bewältigung und neuer Hoffnung gegeben.[3,4]

Meine sehr verehrten Damen und Herren!

Wir stehen am Ausgang eines Jahrhunderts, das wahrscheinlich als das der Gewalt und der grassierenden Ideologien in die Geschichte eingehen wird. Deren Stationen heissen Auschwitz, Archipel Gulag, Kampodscha, zwei verheerende Weltkriege.

Friedliche Revolutionen im östlichen Teil unseres Kontinents, das Ende des Kalten Krieges und erste freiheitlich-demokratische Entwicklungen in ehemaligen Diktaturen haben dann unerwartete Möglichkeiten eröffnet. Ein neues Denken brachte ungeahnte Chancen und auch neue globale Gemeinsamkeiten. Aber noch einmal taten sich in diesem letzten Jahrzehnt die Abgründe von Hass und Grausamkeit auf, wie in Ruanda und auf dem Balkan.

Oder sind wir nur durch die Unmittelbarkeit der nun allgegenwärtigen weltweiten Berichterstattung zu sehr beeindruckt von Grausamkeiten, die es zu allen Zeiten und bei allen Völkern gab? Sehen wir präziser in diese Geschehnisse, müssen wir aber wohl im globalen Massstab Erosionen der Zivilisation und der politischen Autorität erkennen, die bisher kaum ernstlich wahrgenommen worden sind:

Die Art, wie Konflikte ausgetragen und Kriege geführt werden, hat sich nämlich dramatisch verändert. Ihre grausige Arithmetik ist: Waren im Ersten Weltkrieg noch 5% Zivilpersonen unter den getöteten Opfern, waren es im Zweiten Weltkrieg schon 50%, und heute sind es weltweit mehr als 90%.[5] Vertreibungen mit Massensterben, Ausrottungen, Hinrichtungen, Vergewaltigungen und anderen

Verstössen gegen elementare Menschenrechte sind inzwischen nicht Folgen des Krieges, sondern sein Inhalt und Ziel, wie der deutsche Unicef-Sprecher kürzlich erklärte.[6] Nichtdemokratische Regierungen versuchen dabei oft, unbequeme Volksgruppen zu vernichten oder zu vertreiben. Mehr und mehr agieren Banden oder sog. Milizen statt Soldaten oft in schwelenden, z.T. unerklärten Bürgerkriegen. Sie mordeten auch in Ruanda und im Kosovo und taten es in Ost-Timor.[7] Folgt man Experten, wird es an vielen Stellen der Welt neuerdings schwierig, Krieg und Frieden auseinander zu halten. Hier verschwindet elementares Bürgerrecht, und die grundlegensten Prinzipien der Genfer und Haager Konventionen, wie Krieg nur gegen Kämpfende, werden schleichend zerstört.[5] Ausdruck dieser sinkenden Moral ist etwa auch die immer noch zunehmende Zahl an Landminen. Militärisch von relativ geringem Effekt, dienen sie vor allem zur Terrorisierung der Zivilbevölkerung, verhindern sie eine Rückkehr der Flüchtlinge und belasten die Gesundheit eines Volkes enorm.

Frauen und vor allem Kinder, mithin die Zukunft eines Volkes, sind inzwischen das besondere Ziel der Mörder geworden. Mme. Mukagasana hat sich dieser besonderen Tragödie in ihrem Land engagiert angenommen, worüber sie heute noch berichten wird. Zu Beginn des ruandischen Völkermords 1994 forderte dort der Hutu-Radiosender: „Wer die großen Ratten zerstören will, muß die kleinen Ratten töten". Die tragischen Folgen waren damals auch 300 000 ermordete Kinder und Jugendliche, aber noch viel mehr für immer entwurzelte, psychisch gebrochene und kriminalisierte Halbwüchsige. Unvergesslich bleiben die letzten Worte eines Fünfzehnjährigen aus dem Interview mit Mme. Mukagasana: „Ich bin jetzt kein Kind mehr, sondern ein Mörder."[8] Berichtet wurde weiterhin über streunende ruandische Kindersoldaten, die sich zum Massaker noch besser instrumentalisieren ließen als Erwachsene, ausserdem über 300 000 Waisen und 60 000 Haushalte nur noch mit Kindern.

Ruanda ist hier aber kein Einzelfall. Die internationalen Kinderhilfsorganisationen sind hoffnungslos überfordert. Beweis dafür ist die jüngste dringliche Forderung der Unicef und der Koalition gegen den Einsatz von jetzt insgesamt 300 000 Kindersoldaten in der Welt, dem geplanten Internationalen Strafgerichtshof endlich weitergehendere Kompetenzen in dieser Richtung einzuräumen.

Um so mehr müssen aber neben politischen Aktionen an den Wurzeln des Übels nun auch private Leistungen mehr gewürdigt werden, wenn sie das Leiden meistens auch nur vermindern können. Wir ehren deshalb heute auch Hermann Gmeiner, den Gründer der Bewegung SOS-Kinderdörfer in aller Welt. Unsere Stiftung wird bei der Auszeichnung des Preisträgers auch immer jemandem ehrend gedenken, der Zeit seines Lebens die verdiente Anerkennung nicht erhalten hat. Hermann Gmeiner hat die weltweit grösste nichtstaatliche Organisation für Kinder in Not geschaffen. Inzwischen sind es 385 SOS-Kinderdörfer in 131 Ländern. Nach schwerer Kindheit als Halbwaise erlebte er 1945 das Kinderelend in den zerstörten Städten und gründete schliesslich 1949, selbst mit materiellen Schwierigkeiten kämpfend, die Sociétas Socialis oder SOS. Seitdem hat er rastlos bis zu seinem Tode 1986 die Ausbreitung dieser Kinderdörfer über die ganze Welt erkämpft und das besonders an den Brennpunkten des Leidens über Bosnien, dem Kosovo, bis nach Ruanda. Diese Kinder waren sein Leben; ein Privatleben hatte er nicht gekannt.[9]

Hermann Gmeiner

Meine sehr verehrten Damen und Herren!
Derartig geprüfte Gesellschaften, wie die von Ruanda, mit so viel seelisch zerbrochenen Kindern und psychisch permanent geschädigten erwachsenen Tätern und überlebenden Opfern sind latent krank. 1999 waren durch die Kämpfe im

Osten Kongos wieder Hunderttausende innerhalb Ruandas auf der Flucht.[10] Diese Gesellschaften tragen oft schon den Bazillus des Defätismus und Hasses in sich bis zur nächsten Epidemie des Krieges oder Massenmordes. Sie bedürfen so systematischer äusserer Hilfe.

Aber auch der Gesundheits- und soziale Zustand vieler von Vertreibung und latentem Bürgerkrieg betroffenen Völker ist bedrohlich gesunken. Wir Ärzte stehen weltweit vor der Zunahme und wechselseitigen Begünstigung von Tuberkulose, Malaria, Aids und chronischer Unterernährung besonders in diesen Konfliktregionen. Dazu kommt der gravierende Rückgang der Landwirtschaft nicht nur in diesen Gebieten der Entwicklungsländer. Die Zunahme solcher anarchischer Trends mit Bürgerkriegen und Massakern als eine Hauptursache derartiger negativen Entwicklungen steht ausser Zweifel. Hoffen, dass daraus kein weiteres existentielles Problem für die Welt werde, ist zu wenig, wie auch materielle Hilfen hin und wieder und allein, so anerkennenswert sie auch sind. Es sei nur daran erinnert, dass von dort 95% des Weltbevölkerungszuwaches kommen. Die Gobalisierung lässt die Welt eng zusammenrücken und schafft wachsende Interdependenzen zwischen den ökologischen Disastern in den permanenten Krisengebieten der Dritten Welt und den Industrieländern. Dazu kommen ökologische Folgen solcher politischer Disaster, die wir noch kaum in ihren ganzen Auswirkungen übersehen. Vernichtung der regionalen Landwirtschaft war in Afrika inzwischen schon ein Kampfmittel in den Bürgerkriegen, in denen auch der tropische Regenwald rücksichtslos geschädigt wurde. Durch diese und eine Reihe anderer ökologischer Verbrechen sind im weltweiten Gürtel der „Grünen Lunge" in den letzten 10 Jahren verkarstete Gebiete von der Flächengrösse der USA entstanden. Die Auswirkungen auf das globale Klima werden auch uns im neuen Jahrhundert erreichen.

Was hat die Gemeinschaft der freien Völker bisher wirksam gegen diese Vernichtungskriege getan, und was hätte sie dagegen vermocht? Was sie getan oder besser nicht getan hat, gleicht bis in die jüngste Zeit auch eher einer Tragödie. Doch können jüngste Versuche und erfolgreiche Interventionen in ihrer historischen Bedeutung nicht gering eingeschätzt werden. Unter dem Eindruck der Schwierigkeiten, wie etwa auch im Balkankrieg bei Interventionen ethische Massstäbe zu halten, ist uns eines kaum klar geworden: Eigentlich wurde dort erstmals in der Geschichte kleineren ethnischen Gruppen und Völkern ohne politische Verbündete vor allem aus humanitären Gründen auch mit militärischen Mitteln als ultima ratio erfolgreich geholfen.

Jedoch sind die letzten Jahrzehnte insgesamt wohl nur unter dem resignierenden Wort des britischen Politikers Toynbee zusammenzufassen: „Der Kult der Souveränität ist zur wichtigsten Religion der Menschheit geworden. Ihr Gott verlangt Menschenopfer."[11] Nach geltendem Völkerrecht gehören Bürgerkriege wie Menschenrechte zu den „inneren Angelegenheiten" und damit zum souveränen Bereich eines Staates. Die UNO-Charta stellt Gewaltverbot eindeutig über den Menschenrechtsschutz. Experten verweisen darauf, daß selbst Völkermord juristisch nicht zu einseitigen, von den UN nicht beschlossenen Gewaltmaßnahmen berechtigt. Daran ändert auch die UN-Konvention gegen Völkermord von 1948 nichts, da sie nur die UNO autorisiert.[12] Folgt man heute aber einem Teil der völkerrechtlichen Experten, sind fast immer für die Rettung der Menschen rechtliche Grundlagen als Nothilfe zu finden.[13]

Auch werden vorhandene Möglichkeiten der politischen Ächtung der Marodeure nicht ausreichend genutzt. Auf die provokante Frage etwa, ob angesichts der Gräuel im Kosovo die Genfer Konventionen noch das Papier wert seien, auf dem sie geschrieben sind, wie Günther Gillessen es zusammenfaßte, antwortete der Präsident des Internationalen Komitees des Roten Kreuzes, Cornelio Sommaruga: „Für die Völkergemeinschaft sind die Konventionen ein Vermögen. Die Medien machen Verletzungen der Regeln schnell sichtbar."[5]

Es bleibt hier sehr viel zu tun. Besonders ist aber eine noch stärkere Integration der Menschenrechte in das Bewußtsein vieler Völker und Staaten notwendig. Meist geraten geopolitische, wirtschaftliche und strategische Interessen in Konflikt mit moralischen Einsichten.

Inzwischen sind die realen politisch-militärischen Situationen oft so schwierig, daß die Eingreifenden, seien es selbst Friedenstruppen der UNO oder humanitäre Hilfsorganisationen, ohne lokale Detailkenntnisse von den Konfliktparteien schnell instrumentalisiert werden können. Die in internationalen Hilfen herausragende Organisation Ärzte ohne Grenzen, die vor kurzem hochverdient den Friedensnobelpreis erhielt, hat dies in bewunderungswürdiger Weise für ihren eigenen Einsatz in Ruanda offengelegt.[14] Auf jeden Fall ist schon auf Grund der stets nicht neutralen Interessenlage von Staaten und Staatengruppen die Befähigung der UNO zu einer wirksamen Weltpolizei im positiven Sinne unumgänglich. Das ist ein weiter Weg. Auch darüber wird wohl detaillierter im anschließenden Round table „Bürgerkrieg und Vertreibung" gesprochen.

Hier sind Fragen zu beantworten, wie: Verschlingen Interventionen nicht heute schon Unsummen, und sind sie deshalb bei der Zunahme der Konflikte kaum die Hauptlösung? Experten berechnen im günstigsten Fall für den Krieg Jugoslawien/Kosovo 106 Milliarden DM und für den Kosovo-Aufbau ähnliche Summen.[15] Eine weitere Frage wäre: Ist zivile Konfliktverarbeitung und -vermeidung wirklich schon ausreichend untersucht, entwickelt und eingesetzt? Hier gibt es zwar schon bemerkenswerte Konzepte von nichtstaatlichen Organisationen (z.B. der

Stiftung Entwicklung und Frieden oder des Great Lakes Policy Forum) für Krisenpäventionen einschliesslich Frühwarn-Einrichtungen und Strukturen ziviler Konfliktverarbeitung vor Ort. Die Regierungen pflegen aber immer noch einen alleinigen reaktiven Umgang mit Krisen und Konflikten[15].

Und: Sind es nicht oft im Kern Verführungen der Massen durch Intellektuelle oder solche, die sich dafür halten? Gerade durch die schier unbegrenzten negativen Wirkungen der Massenmedien als dort vorausgeworfene Schatten der Moderne konnten auch die Diktatoren dieses Jahrhunderts Menschen zur Unmenschlichkeit verführen und viele zu Bestien machen, von den nazistischen Konzentrationslagern bis zu Ruanda. So wurde der von Ortega y Gasset befürchtete „Aufstand der Massen" als Kennzeichen des 20. Jahrhunderts zum vielfältigen „Aufstand der verführten Massen".

Sind aber nicht gerade deshalb die Intellektuellen verpflichtet, solcher Mechanismen eingedenk, mehr nach Chancen zur Verminderung dieser Gefahren zu suchen und die auch zwangsläufig nicht geringen positiven Wirkungsmöglichkeiten über Massenkommunikationswege bewußter zu nutzen, auch etwa von hier aus? Das geht uns besonders an, denn hier an diesem Ort, am gleichen Platze verkündeten Karl Astel und Hans Günter die geistigen Anleitungen zu Auschwitz, und kein Jahrzehnt später wurde Jenas Universität wieder von dieser Aula aus zum stalinistischen Erfüllungsgehilfen degradiert.

So trägt dieser Platz die Schande der Universität - aber auch seine Grösse. Hier sprachen auch jene, die unter diesen Diktaturen unbeugsam blieben und ihre Standhaftigkeit mit dem Leben bezahlten. Sind wir deshalb an einem solchen Orte nicht besonders verpflichtet, uns auch für ein Humanum der Tat zu engagieren, das gerade hier einmal so teuflisch ausgelöscht wurde?

Was kann man da schon tun, wird man einwenden, wenn politisch-militärische Interventionen gefragt sind, aber kaum akademische Diskurse. Aber denken wir nochmals an die mörderische Wucht der Aktionen durch derart verführte Gehirne, eben an die psychosoziale Mordwaffe und die Komplexität des Geschehens. Gerade hier ist die wissenschaftlich nüchterne Analyse der Mechanismen ebenso gefragt, wie daraus gewonnene präventive Handlungsstrategien und moralisch-intellektuelle Unterstützungen dafür. UNO-Generalsekretär Annan forderte jüngst eine „Kultur der Vorbeugung". Politiker werden sich zukünftig mehr dem Rat des wissenschaftlichen Experten widmen müssen, und die Medien sind endlich stärker nach ihrer positiven Rolle bei der Entwicklung einer geistig-politischen Kultur zu fragen.

Gehört das alles aber nicht auch oder gerade zur Vordenkerfunktion der modernen Universität, die in Deutschland so sträflich unter anderen Verpflichtungen erlahmt ist? Das meint die Universität als Kulturstätte, aber auch als moralische

Anstalt der Gesellschaft. Wie oft hat sie sich in den geistigen Kämpfen Europas seit einem Jahrtausend als unverzichtbar erwiesen. Existiert sie heute als solche in Deutschland noch?

Kürzlich hat die Hochschulrektorenkonferenz in einer internen heftigen Diskussion festgestellt, dass die Hochschulen fast nur noch Ausbildung, aber wenig Bildung und kaum moralisch-ethisches Urteilsvermögen vermitteln. Das kann nicht so bleiben. Und sicher benötigen wir auch für solche Herausforderungen neue wirksamere Formen des akademischen Internationalismus, wie ihn hier das Collegium Europaeum Jenense anstrebt.

Schliessen wir an dieser Stelle den Kreis zu Tadeusz Mazowieckis Worten an gleichem Orte: „Wenn Menschen dies Menschen angetan haben", so sagte er damals weiter, „bedeutet das für uns auch, daß Menschen auch den Menschen eine andere Perspektive, eine andere Möglichkeit anbieten können".[1] Auch das muss als Appell an uns verstanden werden. Ein so zerbrochenes Land wie Ruanda und seine Menschen stehen ohne weiteres menschliches Engagement, ohne diese gereichte Hand nicht wieder auf. Mpore, „Steh auf" heisst auch das Programm, in dem Mme. Mukagasana und ihre Freunde aus Europa wesentlich mitarbeiten. Ein Programm vor allem aus menschlicher Zuwendung bestehend, die immer zusätzlich nötig sein wird.

Meine sehr verehrten Damen und Herren!

Die UNO hat das Jahr 2000 zum Internationalen Jahr der Kultur des Friedens erklärt. Aber es weht heute leider auch durch die Gesellschaften Europas ein kälterer Wind, und unser Kontinent zeigt der Welt noch kaum die Alternative für das neue Jahrhundert, geschweige denn Jahrtausend: Ein Jahrzehnt Bürgerkrieg auf dem Balkan mit schwersten Menschenrechtsverletzungen und schwelende Bürgerkriege andernorts. Dabei sind andererseits die geopolitischen Zukunftschancen nach dem Ende der Konfrontation der zwei hochgerüsteten Supermächte besser denn je.

Hier wird einem der bittere Realismus in der Bemerkung Roman Herzogs auch für Europa klar, aber auch die Herausforderung an uns: „Kultur und Zivilisation ... sind immer bedroht, sie sind nie endgültig gesichert. Kultur und Zivilisation sind niemals ein für allemal fester Besitz. Sie müssen von jedem einzelnen, von jeder Gemeinschaft und von jeder Generation angenommen und neu errungen werden."[16]

Die alten Römer hatten zunächst für den Mut nur das Wort virtus als „Standhaftigkeit, Furchtlosigkeit, Kühnheit". Aber zunehmend leiteten die romanischen und mehrere andere Völker Mut aus dem Herzen, dem cor ab, und bis heute nennen sie ihn „coraggio", „corage" oder „courage". Ja, Mut vor allem als beständige Eigenschaft des Herzens, nicht der Muskelstärke oder Nervenhärte, dies steht heute wohl auch im Zentrum der Erhaltung menschlicher Kultur.

So sagte einmal André Malraux: „Kultur ist die Gesamtheit aller Formen der Kunst, der Liebe und des Denkens, die im Verlaufe von Jahrtausenden der Menschheit erlaubt, weniger Sklave zu sein." Dies ist wohl in der Tat das, was uns Yolande Mukagasana und Hermann Gmeiner vorgelebt haben. Eine Universität, wie diese, die in der unmittelbaren humanistischen Tradition Schillers, Goethes, Fichtes und Hegels steht, darf hier nicht schweigen.

Fehlt es aber vielleicht doch besonders bei uns und vielerorts an solchem Engagement? So sollten wohl auch wir bei diesen Herausforderungen mehr Mut des Herzens und mehr intellektuelle Courage zeigen.

Quellen:

[1] T. Mazowiecki: Zwischen Hoffnung und Kapitulation. In K. Dicke, T. Mazowiecki, U. Zwiener: Wie konnte das geschehen? Menschenrechtsverletzungen im Jugoslawienkonflikt. Collegium Europaeum Jenense Jena 1997, S. 31 ff.

[2] T. Mazowiecki: Brief an den Generalsekretär der Vereinten Nationen Butros Butros-Ghali, Manuskript 1993 zit. nach: U. Zwiener: Zwischen gestern und morgen. Jenaer Begegnungen. Collegium Europaeum Jenense 1998, S. 114 u. 142

[3] Y. Mukagasana: Le mort ne veut pas de moi. Fixot Paris 1997

[4] Y. Mukagasana: N'aie pas peur de savoir. Roert Laffont Paris 1999

[5] G. Gillessen: Ob Freund, ob Feind. Die Einhegung des Krieges: Das Rote Kreuz und die Bedeutung der Genfer und Haager Konventionen. FAZ 7.8.1999, Nr. 181 III

[6] K. Polke-Majewski: Spiele mit Schmetterlingsminen (Kriege sind heute meist Kriege gegen Zivilisten - dabei kommen immer mehr Kinder ums Leben). FAZ 25.8.1999, S. 2

[7] E. Haubold: 24 Jahre des Mordens sind genug. Letzte Signale aus Ost-Timor. Militär, Polizei und Milizen verschärfen Terrorkampagnen: FAZ 4.9.1999, Nr. 205/35 D, S. 1

[8] Y. Mukagasana: Ich bin jetzt kein Kind mehr, sondern ein Mörder. Fünf Jahre nach dem Völkermord in Ruanda: Opfer und Täter erinnern sich. FR 7.4.1999

[9] SOS-Kinderdorf. Fakten und Zahlen. SOS-Kinderdorf International. Abt. Kommunikation Innsbruck 1999

[10] Unpubliz. Manuskript amnesty international Gruppe Deutschland. September 1999

[11] A. Toynbee: In Club of Room. Spiegel-Sonderheft 1991, S. 20

[12] H. Weber: Rechtsverstoss, Fortentwicklung oder Neuinterpretation. FAZ 9.7.1999 Nr. 156, S. 8

[13] D. Senghaas: Recht auf Nothilfe. Wenn die Intervention nicht nur erlaubt, sondern regel-recht geboten ist. FAZ 12.7.1999 Nr. 158, S. 12

[14] V. Faber: Ruanda - Zwei Jahre nach dem Völkermord - Die Krise hält an. In J. Groenwold (Koord.): Ärzte ohne Grenzen - Im Schatten der Konflikte: Schützt humanitäre Hilfe Menschen in Not? Verl. J.H.W. Dietz Nachfl. Bonn 1996, S. 279

[15] T. Debiel, M. Fischer, V. Matthies, N. Ropers: Effektive Krisenprävention - Herausforderungen für die deutsche Außen und Entwicklungspolitik. Policy Paper 12, Stiftung Entwicklung und Frieden 1999, S. 2-15

[16] R. Herzog: Rede 19.2.1999, Nationaltheater Weimar, Eröffnung des Kulturstadtjahres.

ULRICH ZWIENER

**Réponses à des défis existentiels -
Yolande Mukagasana et Hermann Gmeiner**

Bien chère Madame Mukagasana,
chers invités,

Il y a trois ans, Tadeusz Mazowiecki, premier lauréat de notre fondation, retraçait ici même, non sans amertume, ses expériences en tant que rapporteur spécial de l'ONU.[1] Parlant de l'escalation de la violence en Bosnie, il évoquait la mort de milliers d'enfants innocents, assassinés à Srebrenica sous les yeux des casques bleus de l'ONU, qui assistaient impuissants au massacre ou se cantonnaient dans la passivité. Il écrivait alors au Secrétaire général des NU, Boutros Boutros-Ghali : «Il faut maintenant à tout prix que l'on prenne conscience de la nature de ces crimes, de la responsabilité de l'Europe et de l'impuissance de la communauté internationale à intervenir… Comment pourrait-on espérer que ces enfants et tous ceux que l'on abandonne aujourd'hui en ce lieu à leur triste sort puissent un jour construire l'Europe de demain ?"[2]
En notre présence, il a cité la grande Zofia Nalkowska qui, après Auschwitz, avait écrit un livre intitulé «Et dire que ce sont des hommes qui ont fait ça à des hommes…». À l'époque, l'humanité, saisie d'horreur devant la perfection diabolique d'un génocide industrialisé, élaboré dans notre propre pays, s'était elle-même remise en question. Paul Celan, mortellement désespéré par la perte de sa famille dans l'holocauste, hurlait à l'attention d'une société en déroute: «Que le verbe se taise!» et choisissait de se suicider.
Quarante ans se sont à peine écoulés depuis. Et voilà qu'au Rwanda - un million de morts - tous, assassins et victimes survivants confondus, se taisent dans un même silence désespéré.
Le docteur Mungadamutsa, psychiatre à Kigali, perçoit la situation de son pays comme une gigantesque conspiration du silence. Des milliers de personnes murées dans leur silence attendent une psychothérapie. Après des années de silence, une jeune fille de dix-sept ans s'exprime enfin: «Je ne peux pas parler, parce que la parole me rappelle ma mère qui criait pendant qu'on lui arrachait les cheveux avant de l'assassiner.»
Yolande Mukagasana fut l'une des premières à rompre le silence. Après avoir perdu tous les siens lors des massacres de 1994, elle s'enfuit en Europe de l'ouest et contacta les experts et les personnes dont elle connaissait l'engagement afin

de les éclairer sur les mécanismes individuels de l'escalation de la violence. Elle revint sur les lieux de ses malheurs, fit parler les assassins muets - ainsi que les victimes, tout aussi silencieuses, engourdies, paralysées par la souffrance. Elle fit ainsi ce premier pas qui signifiait le retour à une vie humaine digne de ce nom et à la façon de la gérer. Dialoguant avec Médecins Sans Frontières qui lui fournit un appui inappréciable, elle développa et soutint un «programme de resocialisation et de réhumanisation» :ce sont ses propres termes.

À l'origine, l'Antiquité grecque connaissait le concept de logos : un mot qui signifiait à la fois le «mot» et la «langue», bref, le «verbe» qui englobait le mot, la raison et la faculté de raison. Yolande Mukagasana a apporté une réponse au mortel désespoir de Paul Celan : elle a, pour des milliers d'êtres, retrouvé la puissance du verbe, leur donnant ainsi une chance de pouvoir gérer rationnellement leur situation et leur rendant ainsi l'espoir.[3,4]

Mesdames,
Messieurs,
Le siècle finissant entrera sans doute dans l'histoire comme une époque marquée par la violence et la rage des idéologies. Des idéologies meutrières dont les étapes ont les noms d' Auschwitz, l'archipel du goulag, Kampuchéa et de deux guerres mondiales dévastatrices.

Des révolutions pacifiques dans la partie est de notre continent, la fin de la guerre froide et les premières expériences de libre démocratie au sein des anciennes dictatures ont ouvert des perspectives inespérées. Un nouveau mode de pensée a induit de nouvelles possibilités et fait apparaître de nouveaux dénominateurs communs au plan mondial. Et pourtant, une fois de plus, au cours de cette dernière décennie, au Rwanda et dans les Balkans, des abîmes insondables de haine et de cruauté se sont ouverts sous nos pieds.

Ou bien ne serions-nous impressionnés par toute cette violence - vieille comme le monde et commune à tous les peuples - que parce que les médias nous informent instantanément de ce qui se passe en n'importe quel point du monde? Si nous examinons les événements de plus près, force est de constater, à l'échelle mondiale, l'érosion des civilisations et l'usure de l'autorité politique: des phénomènes qui, jusqu'à maintenant, n'ont guère été pris au sérieux.

Car le mode de propagation des conflits et la manière de faire la guerre ont changé du tout au tout. Une arithmétique implacable nous fournit des données imparables: pendant la première guerre mondiale, on comptait 5% de civils parmi les victimes. Dès la seconde guerre mondiale, ce chiffre passait à 50%: on dépasse aujourd'hui les 90%.[5] Les exodes massifs et leurs cortèges de morts, les nettoyages ethniques, les exécutions sommaires, les viols et autres violations des droits de l'homme les plus élémentaires ne sont plus désormais une conséquence des guerres: ainsi que le déclarait récemment le porte-parole de l'UNICEF, ils en constituent la teneur et le but.[6] Par la guerre, des gouvernements fort peu démocratiques s'efforcent souvent d'exterminer ou de chasser des groupes de population indésirables à leurs yeux. Des bandes désorganisées ou des «milices» remplacent les soldats et livrent d'interminables guerres civiles dont on ignore les motifs. Elles se sont livrées à des assassinats au Rwanda. Tout comme au Kosovo ou comme, naguère encore, au Timor-Oriental.[7]

Selon les experts, il est de plus en plus difficile, dans de nombreux endroits du monde, de distinguer la guerre de la paix. Les droits civils et politiques les plus élémentaires y sont bafoués. Peu à peu, les principes de base des conventions de Genève et de La Haye - la guerre ne devant être menée que contre des combattants - y sont sournoisement foulés aux pieds.[5]

Une morale en faillite qui se traduit également par le nombre croissant de mines antipersonnel. Militairement parlant, elles n'ont qu'un impact relativement réduit. Par contre, elles servent à terroriser les civils, empêchent les réfugiés de revenir sur leurs pas et pèsent sur la santé du peuple tout entier.

Entre-temps, des femmes, et surtout des enfants - l'avenir de tout un peuple - sont devenus la cible des assassins. L'engagement de Madame Mukagasana porte sur cette tragédie : elle nous en parlera tout à l'heure. Au début du génocide rwandais en 1994, la radio hutu proclamait : «Celui qui veut tuer les grands rats doit tuer les petits rats.» Des affrontements qui eurent des conséquences tragiques: 300 000 enfants et jeunes gens assassinés, sans compter les adolescents déracinés à jamais, brisés psychiquement et entrés dans la criminalité. Qui pourra oublier les dernières paroles d'un enfant de quinze ans, rapportés dans l'interview de Madame Mukagasana: «Je ne suis plus un enfant, je suis maintenant un assassin»?[8] Les comptes rendus font également état d'enfants-soldats rwandais, réduits à l'état de vagabondage, plus faciles encore que les adultes à transformer en instruments de meurtres. Et comment oublier les 300 000 orphelins et ces 60 000 ménages uniquement composés d'enfants ?

Le Rwanda n'est pas un cas isolé. Les organisations internationales d'aide à l'enfance sont dépassées par les événements. Nous n'en voulons pour preuve que la dernière requête pressante de l'UNICEF et de la Coalition contre la mise à disposition d'un total, dans le monde entier, de 300 000 enfants-soldats: ladite requête vise à ce que la Cour de justice internationale projetée se voie enfin octroyer de larges compétences en la matière.

Une raison de plus de louer, outre ces actions politiques qui s'attaquent aux racines du mal, toutes les initiatives privées qui sont de nature à alléger toutes ces souffrances. C'est pourquoi nous tenons à honorer aussi aujourd'hui Hermann Gmeiner, fondateur des villages d'enfants SOS du monde entier. Notre fondation, lors de la désignation du lauréat, veillera toujours à honorer la mémoire d'une personne qui, de son vivant, n'aura pas été reconnue à sa juste valeur. Hermann Gmeiner a créé la plus grande organisation mondiale non gouvernementale destinée à secourir les enfants en détresse. Depuis, on dénombre 385 villages d'enfants SOS, répartis à travers 131 pays. Après une enfance difficile - Hermann Gmeiner était orphelin -, il prit conscience, en 1945, de la misère des enfants dans les villes détruites. Lui-même en proie à de graves difficultés matérielles, il fonda finalement en 1949 la Sociétas Socialis, autrement dit SOS: jusqu'à sa mort en 1986, il œuvra sans relâche à la fondation d'autres villages d'enfants de par le monde, plus particulièrement sur les points chauds de la souffrance, en Bosnie, au Kosovo ou au Rwanda. Les enfants étaient sa vie: il n'a jamais connu de vie privée.[9]

Mesdames,
Messieurs,
Des sociétés aussi éprouvées que celles du Rwanda, des sociétés qui comptent tant d'enfants psychiquement brisés, de criminels adultes et de victimes ayant, certes, échappé aux massacres, mais psychiquement abîmées à jamais, de telles sociétés sont malades de façon latente. En 1999, les combats qui ensanglantaient l'est du Congo avaient de nouveau provoqué l'exode de centaines de milliers de personnes à l'intérieur du Rwanda.[10] De telles sociétés portent donc en elles les germes du défaitisme et de la haine : des germes qui ne demandent qu'à proliférer dès la prochaine épidémie de guerre ou de massacres. Il faut donc qu'elles bénéficient systématiquement d'une aide extérieure.De plus, la santé et le niveau social des peuples menacés en permanence d'expulsion et de guerre civile ont chuté de façon inquiétante. Nous, les médecins, constatons au plan mondial la montée en alternance de maladies telles que la tuberculose, la malaria, le sida ou la malnutrition chronique, surtout dans les régions en proie à des conflits. Vient s'y ajouter le déclin de l'agriculture - et pas seulement dans ces régions des pays en voie de développement. Que la montée de paramètres aussi pernicieux soit, avec les guerres civiles et les massacres, l'une des causes d'évolutions aussi dramatiques, voilà qui ne fait aucun doute. Il ne suffit pas de formuler des vœux pieux en espérant que cela ne posera pas de nouveau problème existentiel au monde ; il ne suffit pas non plus - pour louable qu'elle soit - d'apporter de temps en temps une aide matérielle. Souvenons-nous sement des marauders. Ainsi, lorsque l'on demanda, dans le contexte des horreurs du Kosovo, si, comme le résumait Günther Gillessen, la convention de Genève n'était plus qu'un chiffon

que 95% de la croissance de la population mondiale proviennent de ces pays. Rétrécissant le monde, la mondialisation ne cesse de générer des interdépendances entre les catastrophes écologiques des régions du tiers monde - qui se trouvent perpétuellement en état de crise - et les pays industrialisés. Il est d'ailleurs impossible, dans l'état actuel des choses, d'évaluer l'ensemble des incidences de ces catastrophes écologiques. L'anéantissement de l'agriculture régionale en Afrique constituait déjà une arme utilisée par des guerres civiles au cours desquelles la forêt tropicale équatoriale fut déboisée sans ménagement. Un crime écologique suivi de beaucoup d'autres et qui, au niveau de la ceinture constituée par le «poumon vert» de la planète, rendit infertiles des régions entières : au total, une surface qui correspond à celles des États-Unis. Quant au incidences sur le climat mondial, elle se feront sentir - même sous nos latitudes - dès le siècle qui s'annonce.

De quelle manière la communauté des peuples libres s'est-elle jusqu'à maintenant opposée à ces guerres de destruction? Quels résultats a-t-elle obtenus ? Ce qu'elle a fait - ou ce qu'elle a omis de faire - ressemblerait plutôt à une tragédie. Néanmoins, la dimension historique de ses dernières tentatives en ce domaine, ainsi que celle de ses interventions réussies, ne doit pas être sous-estimée. Au vu des difficultés qui ont surgies, plus particulièrement dans les Balkans, lorsqu'il s'agissait de respecter des normes éthiques pendant les interventions, nous avons compris une chose: pour la première fois dans l'histoire et sur la base d'arguments humanitaires, des petits groupes ethniques et des peuples dépourvus d'alliés politiques ont reçu une aide efficace qui, en désespoir de cause, a eu recours à des moyens militaires. Il n'en demeure pas moins que les paroles résignées du politicien britannique Toynbee résument ces dix dernières années «Le culte de la souveraineté est devenu la principale religion de l'homme. Son dieu réclame des sacrifices humains.»[11] Selon le droit des peuples en vigueur, les guerres civiles, tout comme les droits de l'homme, ressortissent aux «affaires intérieures» et donc au rayon d'action souverain d'un état. Selon la charte de l'ONU, l'interdiction de la violence prime de façon univoque la sauvegarde des droits de l'homme. Les experts soulignent le fait qu'au plan juridique, même le génocide n'autorise pas d'interventions armées unilatérales non décidées par l'ONU. Un état de fait auquel la convention de l'ONU pour la prévention et la répression du crime de génocide, signée en 1948, ne change rien, puisque seule l'ONU s'y voit reconnaître des droits.[12] En revanche, certains experts en droit des peuples professent l'opinion qu'il est presque toujours possible, en cas d'urgence, de trouver des bases juridiques permettant de sauver des vies humaines.[13]
On néglige également trop souvent les possibilités offertes en matière de bannis

de papier, le Président du comité international de la Croix Rouge, Cornelio Sommaruga, apporta une réponse lapidaire: «Pour la communauté des peuples, les conventions sont une richesse. Les médias dénoncent rapidement les violations des règles.»[5]

La tâche qui nous attend est immense. Il importe avant tout que les peuples et les états prennent encore plus conscience des droits de l'homme. La plupart du temps, les intérêts géopolitiques, économiques et stratégiques sont en conflit avec les considérations éthiques.

Entre-temps, les situations politico-militaires réelles présentent des difficultés telles que les intervenants, qu'il s'agisse des forces de paix de l'ONU ou des organisations d'aide humanitaire, s'ils ne connaissent pas les particularités locales des adversaires en présence, risquent de se trouver très rapidement réduits au rang d'instruments. Médecins Sans Frontières, organisation exemplaire au plan de l'aide internationale - nobelisée à juste titre - a, d'une manière qui force l'admiration, explicité sa propre intervention au Rwanda.[14] Dans tous les cas de figure, ne serait-ce qu'en raison du fait que les intérêts des différents états et groupes d'états sont loin d'être toujours marqués au sceau de la neutralité, il apparaît comme incontournable que l'ONU soit investie du droit de jouer les gendarmes au plan mondial - ce de façon efficace et au sens positif du mot. Le chemin sera long. La table ronde «Guerre civile et expulsion» abordera également ce thème.

Dans ce contexte, il convient de répondre à des questions telles que: «Les interventions ne sont-elles pas dès maintenant un tonneau des Danaïdes Apportent-elles une solution idoine en cas d'augmentation des conflits? Selon les calculs des experts les plus optimistes, la guerre de Yougoslavie et du Kosovo a coûté 106 milliards de marks et la reconstruction du Kosovo engloutira une somme identique.»[15]

Autre question, la gestion et la prévention des conflits a-t-elle été suffisamment étudiée, élaborée et mise en œuvre? Certes, de remarquables concepts ont d'ores et déjà été mis au point à ce niveau par des organisations non gouvernementales, par exemple par la Fondation pour la paix et le développement ou par le Forum des Grands Lacs : y sont abordés entre autre les systèmes d'alarme précoce et les structures de gestion locale des conflits civils. Or, les gouvernements préfèrent - encore maintenant - réagir au coup par coup lors des crises et des conflits.[15]

Une question brûlante: les masses ne se laissent-elles pas bien souvent séduire par les belles paroles des intellectuels - ou de ceux qui se considèrent comme tels? De par leurs retombées négatives - presque illimitées -, les mass media, censés projeter dans ces pays l'ombre du modernisme, ont transformé plus d'une fois les dictateurs de ce siècle en bêtes inhumaines, des camps de concentration nazis au Rwanda. La fameuse «révolution des masses», dont Ortega y Gasset redoutait qu'elle ne fût le signe caractéristique du XXème siècle, s'est muée en une «révolution des masses abusées»: une révolution aux multiples visages.

Pourtant, le souvenir de ces mécanismes ne devrait-il pas justement inciter les intellectuels à rechercher les possibilités de diminuer ces dangers, à s'efforcer, en outre, de mieux utiliser les potentialités d'action - par définition étendues - de ces mêmes mass media? Et, pourquoi pas, justement, à partir du lieu où nous nous trouvons en ce moment? Car nous sommes concernés. C'est ici même que Karl Astel et Hans Günter ont donné l'impulsion spirituelle qui devait mener à Auschwitz, ici même encore que, moins de dix ans plus tard, l'université d'Iéna, dans cette salle, fut dégradée au rang de valet stalinien.

Empreints de la honte de cette université, ces lieux sont aussi le gardien de sa grandeur. Car ils furent également le témoin des actions de ceux qui ne cédèrent pas à la dictature et qui payèrent de leur vie cette obstination. Voulant honorer leur mémoire, ne devons-nous pas, nous aussi, nous engager à œuvrer pour cette humanité qui, en ce même lieu, fut si diaboliquement bafouée?

Mais, nous objectera-t-on, que pouvons-nous faire si l'on ne demande que des interventions politico-militaires dans un monde où les discours académiques n'ont pas cours? À ce point de notre réflexion, souvenons-nous que cette prolifération meurtrière des atrocités germa dans des cerveaux induits en erreur : elle naquit de cette arme psychosociale et de la complexité des événements. C'est très précisément dans ce contexte que se fait ressentir le besoin d'une analyse scientifique objective des mécanismes, d'une analyse qui permettra d'induire des stratégies de prévention et leur apportera un appui à la fois moral et intellectuel. Le secrétaire général de l'ONU Kofi Annan réclamait récemment une «civilisation de la prévention». À l'avenir, les politiciens devront consulter davantage les experts, tandis que les médias devront s'interroger sur le rôle positif qui leur est imparti quant au développement d'une civilisation spirituelle, intellectuelle et politique.

Mais ce rôle de figure de proue au plan de la pensée n'incombe-t-il pas justement à l'Université moderne, celle qui étouffe en Allemagne, écrasée qu'elle est par d'autres obligations? Ce rôle présuppose une université dédiée à la culture et à la civilisation, une université qui serait aussi le gardien moral de la société. Combien de fois l'Université ne s'est-elle pas révélée incontournable, depuis mille ans, pour intervenir dans les combats spirituels et intellectuels qui sévissaient en Europe? Cette unité salvatrice existe-t-elle encore en Allemagne?

À date récente, au cours de débats internes passionnés, la conférence des recteurs d'universités a constaté que les universités, si elles continuaient à dispenser un enseignement professionnel, n'apparaissaient plus guère comme des vecteurs culturels : à peine si elles sont aptes à former le jugement éthique de leurs étudiants. Une situation qui ne peut perdurer. Il st hors de doute que nous ayons besoin, pour faire face à de tels défis, de nouvelles formes - plus efficientes - d'internationalisme universitaire: c'est très précisément la vocation du Collège européen d'Iéna.

Et c'est ici que la boucle se referme sur les paroles que Tadeusz Mazowiecki prononça naguère en ce lieu: «Si ce sont des hommes qui ont infligé cela à des hommes, cela signifie aussi pour nous que des hommes pourront ouvrir d'autres perspectives à l'humanité.»[1] Des paroles que nous devons comprendre comme un appel. Un pays aussi démoli que le Rwanda et ses habitants ne pourra pas se relever sans l'aide d'un engagement humanitaire supplémentaire, sans main tendue. Mpore, «Lève-toi», c'est aussi le nom du programme auquel œuvrent Mme Mukagasana et ses amis européens. Un programme basé sur une aide désintéressée, faite de cette compassion que rien ne pourra jamais remplacer.

Mesdames,
Messieurs,

L'ONU a proclamé l'an 2000 «Année internationale de la civilisation de la paix». Mais force est hélas de constater que qu'un vent glacial recommence à souffler dans la société européenne, et que notre continent serait bien en peine de proposer au monde une solution de rechange pour le nouveau siècle : dix ans de guerre civile dans les Balkans, dix ans des pires violations des droits de l'homme et de guerres civiles endémiques. Et pourtant, à la fin des conflits, les perspectives d'avenir des deux superpuissances, armées de pied en cap, sont meilleures que jamais.
On comprend alors que le réalisme amer de Roman Herzog, s'il concerne aussi l'Europe, nous lance un défi : «La culture et la civilisation sont toujours menacées, il n'y a pas de garantie. La culture et la civilisation ne sont jamais acquises une fois pour toutes. Il faut que chacun d'entre nous, que chaque communauté et que chaque génération les acceptent et les reconquièrent.»[16]

Pour les Romains de l'Antiquité, la «vertu» signifiait à la fois l'impavidité, l'intrépidité et l'audace. Mais au fil du temps, les peuples latins - parmi d'autres - ont associé le courage au «cœur", au «coraggio», au «corage", au «courage». Car le courage, c'est bien en effet cette constance du cœur, non celle des nerfs ou de la force musculaire ; et c'est lui qui est au centre de la sauvegarde de la civilisation humaine.
André Malraux nous l'a dit, la civilisation est l'ensemble de toutes les formes de

l'art, de l'amour et de la pensée qui, au cours des milliers d'années qu'a vécus l'humanité, permettent à l'homme d'être un peu moins esclave. Et c'est bien là le modèle que nous proposent Yolande Mukagasana et Hermann Gmeiner. S'inscrivant dans la tradition humaniste de Schiller, de Goethe, de Fichte ou de Hegel, une telle université n'aurait pas le droit de se taire.

Peut-être, comme beaucoup d'autres, ne sommes-nous pas toujours à la hauteur de cet engagement. Il n'empêche que ces défis nous interpellent: nous donnant «du cœur au ventre», ils nous incitent à faire preuve de plus de courage intellectuel.

RITA SÜSSMUTH

Mut der Menschlichkeit -
Laudatio für Yolande Mukagasana

Verehrte Preisträgerin Mme. Mukagasana! Magnifizenz!
Verehrte Damen und Herren, Minister und Abgeordnete, Herr Botschafter,
Herr Oberbürgermeister!

Wenn ich heute als Schirmherrin der Deutschen Stiftung für UNO-Flüchtlingshilfe eine so herausragende Persönlichkeit wie Sie mit meinen Worten ehre, stellvertretend für alle, die hier im Saal sind, dann weil uns Ihr Beispiel so tief bewegt und weil es unser aller Hoffnung ist. Prof. Zwiener hat soeben für das Collegium ausgedrückt, was für Sie persönlich und was für Ruanda zutrifft. An sich, gestatten Sie mir, dass ich dies sage, schwanken wir bei solchen Beispielen des Furchtbaren hin und her zwischen Schweigen und Sprechen. Sie haben entschieden, nachdem Sie alle Mitglieder Ihrer Familie verloren haben, bis auf einen Bruder, nachdem Sie das furchtbare Leiden Ihres Volkes erfahren haben, kaum selbst dem Tod entkommen und gerettet nach Belgien, nicht zu schweigen, auch nicht mit Larmoyance, sondern mit aller Nüchternheit, aber Eindringlichkeit und Massivität Menschen bei uns und in aller Welt aufzuklären, über das was an Unmenschlichkeit geschehen ist - durch Menschen. Aber nicht nur, um über menschliches Verbrechen aufzuklären, sondern auch, um anzuklagen, zu kritisieren. Und zu sagen, was doch hätte verhindert werden können, wenn wir hätten verhindern wollen. Das bleibt nicht abstrakt bei Politikern und Regierungen, sondern es werden konkret Länder, es werden auch die Vereinten Nationen beim Namen genannt. In Ihren beiden Büchern „Le mort ne veut pas de moi" 1997 und „N'aie pas peur de savoir" 1999 haben Sie es vermocht, auszudrücken, zu schreiben, wofür viele Menschen, auch jene Opfer des Zweiten Weltkriegs und des Naziregimes Jahrzehnte gebraucht haben, bis sie überhaupt sprechen konnten. Ich denke, das führt uns ein Doppeltes vor Augen: Wie tief die Verletzung, aber auch zugleich, wie groß die menschliche Kraft sein muß, um dies überhaupt tun zu können. Uns erscheint das so selbstverständlich.

Es ist es mit Nichten. Ein Zweites, davon waren Sie eben alle Zeugen bei der Preisverleihung: Es ist nicht so, daß das Ungeheure des menschlichen Gewaltverbrechens Menschen das Menschliche letztlich nehmen kann. Danke für Ihr offenes Gesicht, Danke für Ihr Lächeln.

Das zeigt, dass der Mensch stärker sein kann, als die Vernichter des Menschen. Es ist ohnehin in den letzten Jahren bei Begegnungen mit Frauen und Männern Ihres Landes immer wieder meine Frage gewesen: Woher nehmen Sie die Kraft, nicht nur von Gefühlen der Verbitterung, der Ohnmacht, des Hasses und der Rache besetzt zu sein, sondern genau das Gegenteil zu tun, nämlich zu fragen nach einem Doppelten: nach der Wiederherstellung der Würde und der Versöhnung. Genau das ist das Unvorstellbare. Und damit auch zugleich ein Beispiel zu geben, dass die Lösungen nicht darin liegen, wieder ethnische „Säuberungen" vorzunehmen, die Ethnien zu trennen. Dass auch vielfach in Europa als der einzig mögliche Weg gezeigt wird: „Schafft homogene Volksgruppen, und ihr löst das Problem." Aber die Herausforderung am Ende dieses Jahrhunderts und für das kommende ist, mit unterschiedlichen Ethnien, mit unterschiedlichen Kulturen zu leben. Denn in aller Regel sind es nicht die Ethnien, sondern die Machthaber, die die einen ausgrenzen und die anderen auf den Schild heben. Dies hat zutiefst zu tun mit den immer noch nicht überwundenen Herrschaftsprinzipien dieser Welt: Alles das, was auch gerade von Frauen als Gegenprogramm entwickelt worden ist; Kooperation und Partnerschaft anstelle von Herrschaft ist noch ausserordentlich schwach entwickelt.

Man könnte am Ende dieses Jahrhunderts eine ausschließlich negative Bilanz ziehen. Ein Jahrhundert von Gewalt und Kriegen, und auch eines, von dem wir gesagt haben, dass die Hauptfurcht von den Nuklearwaffen ausgeht. Eine gleich große Furcht geht von den Unmengen der Kleinwaffen aus, mit denen Menschen einander töten und morden. So gehört zu meinen manchmal verzweifelten, manchmal wütenden, manchmal aber auch immer radikaler werdenden Ausrufen: So lange die Welt darauf hört, dass Waffen produziert werden müssen, wird man die Menschen auch nicht zivilisieren. Wenn ich den Menschen die Instrumente in die Hand gebe, immer wieder neu das als letztes Mittel einzusetzen, wird die Umkehr auch nicht radikal vorgenommen werden. Wenn man nicht Pazifismus radikal denkt und in seinen Plänen umsetzt, bleibt es beim Krieg.

Nun werden Sie mir sagen, verschonen Sie uns angesichts dessen, was sich in Ruanda vollzogen hat, mit Ihren naiven Visionen. Ich antworte Ihnen: Wenn ich doch sähe, dass die Abschreckung die Kriege verhindert hätte. Wenn ich doch sähe, dass die Menschen den Krieg nur für den äussersten Fall haben; nein, sie sind unentwegt unterwegs mit den Waffen zum Morden. Die Gewalt ist in der Welt brutaler und nicht weniger brutal geworden - bis hin zu den Waffen, die kein Mensch mehr aus der Nähe sieht. Deswegen ist es ganz wichtig, welche Konsequenzen wir ziehen.

Ich komme zur nächsten Problematik, die mitten hinein gehört in das aktive Lebenswerk der Frau, die wir heute ehren. Es ist nämlich eine doppelte Botschaft. Ich glaube, es ist nicht von ungefähr, dass gerade sie als leitende Krankenschwester, also als Lebensretterin, beruflich ausgebildet ist. Und bis zum letzten denkt sie an ihre Krankenstation, in der sie noch gearbeitet hat, als mehr als 150 ruandischer Mitarbeiter zusammen mit den Ärzten ohne Grenzen versuchten, Leben zu retten. Sie ist dann nach Belgien geflohen, aber nicht um dort zu bleiben. Sie ist wieder mitten hinein in ihr eigenes Krisengebiet, in die Gefängnisse gegangen, um sowohl die Täter zu befragen, und sie hat die Opfer zu befragen versucht. Sie ist auf Menschen getroffen, die im Gefängnis das Morden weiter betreiben. Sie ist unmittelbar konfrontiert worden mit einem Mittel des Krieges - der Vergewaltigung -, das wir lange Zeit gar nicht als Mit-tel des Krieges anerkannt haben. Wenn es so wäre, wäre es weit früher geächtet worden. Ob in Bosnien, im Kosovo oder in Ruanda, die Massenvergewaltigungen waren zugleich ein Tötungsmittel direkter und indirekter Art. Sie hat mit dem neuen Projekt das getan, was nun über Jahrzehnte zu tun ist und den Menschen wahrscheinlich bis zu ihren Tod nicht erspart werden kann, die Traumatisierung durch den Genozid und die Folterungen, durch die Verluste in den Familien und das, was sie gesehen haben in diesem Massentöten und durch das, was sie an sich selbst erfahren haben. Ich mache immer wieder die Erfahrung - das gilt für Europa und ausserhalb Europas - dass von diesen Traumatisierungen immer nur marginal die Rede ist. Wenn es um Finanzmittel für diese Projekte geht - das gilt auch für die UNO-Flüchtlingshilfe - haben wir immense Probleme, dafür Mittel zu bekommen. Weil es kaum zu vermitteln ist, was sich in der verstummten Psyche des Menschen abspielt, und nur wenn die Aufschreie hörbar werden, fragt man, was ist da los?

Das heisst aber auch, Yolande Mukagasana ist nicht nur den Weg des Politischen gegangen, sondern der ganz konkreten Menschenhilfe. Ich sage es mit einem Wort aus der jüdischen Kultur: Wer einen Menschen rettet, rettet die ganze Welt. Das heisst, wir kommen nicht ohne die konkreten Zeichen aus. Sie hat in aller Ohnmacht den Menschen wieder das Gefühl der Stärke, der Ermächtigung gegeben. So, wie wir in diesen Tagen viel von der Verwandlung von Ohnmacht in Stärke angesichts der Erinnerung an die friedliche Revolution in unserem Lande vor zehn Jahren gespürt haben. Es ist nicht so, dass geschwächte Menschen schwach bleiben müssen, sondern sie können gerade als Unterdrückte und Geknechtete ungemeine Stärken entwickeln und sich organisieren in Formen der Friedfertigkeit, um Gegenwelten zu entwickeln.

Aber ich schliesse an, sie ist zugleich eine Ruferin ihres Landes, des afrikanischen Kontinents, in Europa und für die Welt. Als ich, Mme., in dieser Woche mit Ihrem Botschafter sprach, haben wir über zwei Dinge länger gesprochen. Das eine war die Frage, wie kann Versöhnung gelingen, und welche Dinge praktizieren die Ruandaer anders, als wir die Stasi aufarbeiten. Es ist bei weitem vorherrschend, das, was man verletzt hat, nach den Möglichkeiten eines Menschen wieder gut zu machen. Dem Opfer unmittelbar ins Auge zu schauen und das zu tun, was tatkräftige Wiedergutmachung heisst. Die menschliche persönliche Anstrengung, die viel wichtiger ist, als Menschen ins Gefängnis zu bringen. Es ging um die Frage, wie versöhnt sich ein Land, was braucht es auch dazu für Mittel, die es selbst nicht hat und die aus der internationalen Gemeinschaft nicht verfügbar sind.

Ein zweiter Punkt: Die in Ruanda fühlen sich allein gelassen. Wir haben ausserdem das Gefühl - jetzt spreche ich nur von uns Deutschen -, dass auch die Deutschen so sehr mit sich selbst beschäftigt sind, dass sie die weitaus grösseren massiveren Probleme in der Welt eher verdrängen, als dass sie tatkräftig auf sie zugehen. Im Gespräch mit Ihrem Botschafter fiel auch das Wort, dass die Hilfe Deutschlands für Ruanda einmal grösser war als sie heute ist. Damit wissen Sie, welche Bedeutung dieser heutige Akt als Gegenzeichen hat, und ich möchte deswegen um so mehr betonen, welch wichtige Rolle derartig menschliche Leistungen haben. Sie sind immer mehr die Zeichen für Zivilisation, auch als Mahnende, Bohrende und Auffordernde für die politisch Handelnden. Auch Ihr heutiger Ministerpräsident in Thüringen ist einer von jenen, der vor dem Massaker, vor dem Genozid, die stärkste Partnerschaft seines damaligen Bundeslandes Rheinland-Pfalz zu Ruanda aufgebaut hat. Danach sehnen sich die Ruandaer heute, nämlich dass solche Partnerschaften von Region zu Region wieder mehr aktiv sein würden, um dem Land direkt beim Wiederaufbau zu helfen. Davon muss auch insbesondere deshalb die Rede sein - wie ich es eben bei Ihnen hören konnte -, dass wieder die natürlichen Ressourcen noch weiter eingeschränkt werden, als sie eingeschränkt waren.

Im Rahmen meiner Laudatio möchte ich Ihnen sagen, Sie sind mehr als ein Beispiel. Sie retten das Menschliche inmitten der Unmenschlichkeit und geben anderen Kraft, die über kein Programm, über keinen Vertrag, über keine Geldmittel in gleicher Weise ausgestrahlt und weitergegeben werden kann. Erlahmen Sie nicht in Ihrer Kraft und finden Sie viele, die sich mit Ihnen auf den Weg begeben. Herzlichen Dank.

RITA SÜSSMUTH

Le courage de l'humanité -
Un hommage à Yolande Mukagasana

Madame la lauréate du prix, chère Madame Mukagasana, Monsieur le Recteur, Mesdames, Messieurs, Monsieur le Ministre, Mesdames et Messieurs les Députés, Excellence, Monsieur le Maire,

L'honneur m'est échu de parrainer la Fondation allemande de l'ONU dédiée à l'aide aux réfugiés: si, à ce titre, parlant au nom de toutes les personnes rassemblées ici, je rends hommage, par la parole, à une personnalité aussi exceptionnelle que vous, Madame Yolande Mukagasana, c'est parce ce que votre exemple nous émeut jusqu'au plus profond de nous-mêmes et que vous représentez nos espoirs communs. Se faisant l'interprète du Collège tout entier, Monsieur le professeur Zwiener vient de parler de votre importance personnelle et ce que vous symbolisez pour le Rwanda. Permettez-moi de dire qu'à l'évocation de faits aussi horribles, on ne sait plus s'il faut parler ou se taire. Ayant perdu, à l'exception de votre frère, toute votre famille, après avoir, vous-même, échappé de peu à la mort, après vous être réfugiée en Belgique, apprenant l'indicible souffrance de votre peuple, vous n'avez pourtant pas hésité à prendre la parole, sans larmoiements, mais au contraire avec une grande dignité et une grande objectivité. Ce faisant, vous vous êtes adressée à des hommes de chez nous et d'ailleurs, d'une façon pressante, touchante, remuant jusqu'au tréfonds d'eux-mêmes, par ces révélations, tous ceux qui vous entendaient parler de ce que des hommes avaient, de façon inhumaine, infligé à d'autres hommes. Non contente de révéler des faits, vous avez aussi voulu accuser et critiquer. Pour dire ce qui aurait peut-être pu être évité si nous l'avions vraiment voulu. Loin de vous en tenir à des considérations abstraites concernant les politiques et les gouvernements, vous citez concrètement des pays et même les Nations Unies au banc des accusés. Dans vos deux livres «La mort ne veut pas de moi» (1997) et «N'aie pas peur de savoir» (1999), vous êtes parvenue à exprimer l'inexprimable, à décrire les raisons qui ont empêché pendant tant d'années tant de gens, même les victimes de la seconde guerre mondiale et du régime nazi, de raconter ce qu'ils avaient subi, avant de retrouver enfin la faculté de parler. Un double aspect qui transparaît en filigrane: tout d'abord, la profondeur de la douleur et la force nécessaire pour pouvoir - enfin - briser le silence. Alors que cela paraît si évident. Et ensuite - et cela nous a tous frappés lors de la remise du prix - il ne faudrait surtout pas penser que la monstrueuse violence perpétrée par des hommes pourrait parvenir à dépouiller les hommes de leur humanité. Un très grand merci, Madame Mukagasana, pour votre visage ouvert et pour votre sourire.

Une attitude qui prouve que l'homme peut être plus fort que celui qui veut l'anéantir. Ces dernières années, rencontrant les femmes et les hommes de votre pays, je n'ai cessé de me demander: «Mais où prennent-ils la force de ne pas se laisser abattre par l'amertume, l'impuissance ou le désir de vengeance?» Comment parviennent-ils à faire très exactement le contraire, à se demander comment ils vont pouvoir retrouver leur dignité et aller vers la réconciliation? C'est tout simplement inimaginable. Vous prouvez ainsi, sans coup férir, que la solution ne réside pas dans de honteux nettoyages ethniques, qu'elle ne consiste pas à séparer les ethnies. On a cru maintes fois que l'Europe indiquait le seul chemin possible: «Créez des groupes de population homogènes et vous résoudrez le problème.» Mais le défi lancé à la fin du XXème siècle et au début du siècle suivant consiste justement à vivre avec des ethnies et des cultures différentes. Car, en règle générale, ce ne sont pas les ethnies mais leurs dirigeants qui décident d'exclure les uns et de hisser les autre sur le pavois. Un mode de pensée que l'on retrouve, fortement enraciné dans les vieux principes de puissances non encore extirpés: tous les contre-programmes - plus particulièrement ceux que l'on doit à des initiatives féminines -, la coopération, le partenariat, ne sont encore que très peu développés.

On pourrait, en cette fin de siècle, dresser un bilan entièrement négatif. Un siècle de violence et de guerres, un siècle dominé, nous l'avons vu, par la peur des armes nucléaires. Une peur à laquelle vient s'ajouter celle, non moins grande, de toutes ces petites armes dont les hommes se servent pour tuer et pour assassiner. Souvent, je me surprends à crier: des cris de désespoir, de colère parfois, et puis aussi des cris qui se font plus exigeants: tant que le monde croira qu'il faut produire des armes, on ne pourra pas civiliser les hommes. Si je donne aux hommes des instruments en leur faisant promettre qu'ils ne seront utilisés qu'en désespoir de cause, il sera impossible de faire - une bonne fois pour toutes - marche arrière. Si l'on n'accepte pas le pacifisme avec toutes les conséquences qu'il implique, si on ne le traduit pas en termes de projets, la guerre continuera à sévir.

Vous m'objecterez sans doute que, face aux événements du Rwanda, ma vision est bien naïve. Mais je vous rétorquerai: Mais si je voyais que l'intimidation avait évité les guerres, si je voyais que la guerre etait la dernière des solutions ! Mais non, il n'y a rien à faire, les hommes ne cessent de se mettre en route, munis de ces armes qui leur servent à tuer. De par le monde, la violence ne se fait pas moins violente, bien au contraire - armes comprises, ces armes que personne ne voit de près. Les conclusions que nous tirons des faits important donc au plus

J'aimerais maintenant aborder le problème suivant, un problème qui se situe au cœur même de l'œuvre à laquelle se consacre activement cette grande dame que nous honorons aujourd'hui. En fait, il s'agit d'un double message. Ce n'est certainement pas un hasard si Yolande Mukagasana est infirmière: son travail consiste à sauver des vies humaines. Pas un moment, alors que 150 personnes du staff rwandais et Médecins Sans Frontières s'efforçaient de sauver des vies humaines, elle ne cessa de penser à son dispensaire. Elle s'est enfuie en Belgique sans songer un instant à y rester. Dès son retour dans son secteur de crise, elle visitera les prisons pour interroger les coupables et tenter d'interroger les victimes. Elle rencontrera même des criminels qui continuaient à commettre des assassinats en prison. Immédiatement, elle sera confrontée à l'un de ces ignobles instruments de guerre: le viol, que pendant longtemps nous nous somme refusés à reconnaître comme tel. Car si nous nous en étions aperçus, nous l'aurions mis depuis longtemps dans le collimateur. En Bosnie, au Kosovo ou au Rwanda, le viol pratiqué massivement était un moyen meutrier direct ou indirect. Par ce nouveau projet, Yolande Mukagasana a fait ce que nous allons devoir faire pendant des décennies, ce qui vraisemblablement ne sera pas épargné aux hommes jusqu'à leur mort; elle a exhumé les traumatismes dus au génocide, aux tortures, à la perte d'êtres chers, dus aussi à ces meurtres collectifs auxquels ils avaient assisté et à ce qu'ils avaient eux-mêmes vécu. Je remarque constamment que ces traumatismes - que ce soit en Europe ou ailleurs - ne sont évoqués que d'une manière fugitive. Lorsqu'il s'agit de financer ces projets - même ceux qui entrent dans le cadre de l'aide de l'ONU aux réfugiés - nous nous heurtons à des difficultés quasiment insurmontables. Comment, en effet, communiquer l'incommunicable, ce qui se passe dans l'âme désormais muette de ces êtres blessés? Et lorsque enfin on commence à entendre leurs cris, on se demande ce qui se passe.

Cela signifie, bien sûr, que Yolande Mukagasana n'a pas emprunté le chemin habituel des politiques: elle s'est engagée sur la voie de l'aide concrète. Selon la sagesse juive, celui qui sauve un homme sauve l'univers tout entier. Cela implique que nous ne pouvons pas nous passer de signes concrets. Du fond de sa détresse, Yolande Mukagasana a rendu à l'homme le sentiment de sa force, elle lui a rendu le pouvoir, tout comme, nous souvenant maintenant de la révolution pacifique qui s'est déroulée dans notre pays il y a dix ans, nous avons en ces jours pris largement conscience de la transformation de l'impuissance en une force active. Il ne faudrait pas croire que les êtres affaiblis resteront faibles : au contraire, ils sont parfaitement à même, en tant qu'opprimés réduits à la servitude, de développer des forces incroyables et de s'organiser, dans un esprit de conciliation, pour développer des univers diamétralement opposés.

Madame Mukagasana est donc la voix de son pays, du continent africain, de haut point.

l'Europe et du monde. Cette semaine, j'ai, Madame, parlé longuement de deux thèmes avec votre ambasssadeur. Le premier concernait la façon de mener à bien la réconciliation : de quelle façon le comportement des Rwandais diffère-t-il du nôtre vis-à-vis de la Stasi (Service de la sécurité de l'état dans l'ancienne DDR)? Il importe en effet, dans la limite des possibilités humaines, que l'on répare les torts que l'on a causés. Que l'on regarde la victime droit dans les yeux et que l'on fasse acte de repentir et amende honorable. L'effort individuel est infiniment plus important que l'incarcération d'un individu. Il s'agissait donc de cerner les conditions qui permettraient la réconciliation d'un pays, les moyens qui lui manquent à cet effet, qu'il devrait pourtant mettre en œuvre et qu'il ne peut obtenir de la communauté internationale.

Second thème, au Rwanda, les hommes se sentent abandonnés. Nous avons en outre le sentiment - je parle maintenant au nom des Allemands - que les Allemands sont tellement absorbés par leurs propres problèmes qu'ils ont plutôt tendance à négliger les problèmes mondiaux, d'une envergure pourtant infiniment plus vaste, qu'à les affronter concrètement. L'entretien avec votre ambassadeur a également mis en relief le fait qu'il fut un temps où l'aide de l'Allemagne au Rwanda était plus importante que maintenant. Vue sous cet angle, la cérémonie qui se déroule aujourd'hui n'en revêt que plus d'importance : je tiens donc, dans ce contexte, à souligner la valeur des exploits individuels qu'elle vient de récompenser. Ces exploits ne constituent-ils pas, en effet, des repères concrets pour la civilisation, des repères qui apparaissent comme des avertissements, des supplications obstinées et des revendications adressés aux décideurs politiques? C'est votre Premier ministre de Thuringe lui-même qui a établi avant les massacres, avant le génocide, le partenariat le plus étroit avec le Rwanda. Et c'est aujourd'hui le vœu le plus cher des Rwandais: que de tels partenariats essaiment de région en région et, redevenant plus actifs, apportent une aide directe à la reconstruction du Rwanda. Il convient donc de souligner le fait que - comme je viens de vous l'entendre dire - les ressources naturelles déjà fortement restreintes ne cessent de diminuer.

Je voudrais enfin vous dire, Madame, dans le cadre de cet hommage, que vous êtes beaucoup plus qu'un simple exemple. Sauvant l'humanité en pleine inhumanité, vous donnez à d'autres des forces qu'aucun programme, aucune convention, aucune aide financière ne sont parvenus - et ne parviendront - à donner dans une telle mesure. Ne vous arrêtez surtout pas en si bon chemin et trouvez bien vite de très nombreux compagnons de route. Acceptez, Madame Mukagasana, nos remerciement les plus cordiaux et les plus sincères.

YOLANDE MUKAGASANA

Der Weg aus der Hölle
Dankesrede anläßlich der Preisverleihung

 Ich heisse Yolande Mukagasana, bin 45 Jahre alt und seit dem Völkermord in Ruanda im April 1994 verwitwet, da mein Mann damals umgebracht wurde. Ich habe am 15.4.1994 meine drei Kinder in Kigali (Ruanda) verloren, einen Jungen von 14 Jahren und zwei Töchter von 14 und 13 Jahren. Heute wohne ich in Belgien mit drei Kindern. Es sind die drei Töchter meines Bruders: Gisèle, Jeanne und Arlette. Sie haben ihre Eltern verloren.

Jedesmal, wenn ich versuche, vom Völkermord in Ruanda zu erzählen, fehlen mir die Worte. Treffende Ausdrücke kann ich nicht finden, und ich frage mich immer wieder: Warum sind meine Freunde von gestern meine Feinde von heute geworden? Warum bin ich vor aller Augen schuldig? Sie haben ja bestimmt recht. Das fragte ich mich schon, als ich mich im Busch versteckte, wo ich Hunger und entsetzliche Angst litt. In diesem Busch, wo mein Mann vor meinen Augen ermordet wurde. In diesem Busch, diesem Inferno, wo ich 11 Tage versteckt blieb. Genug Zeit, um die Menschen zu beobachten. Dort, wo ich mich fragte, wo Gott noch sein konnte, wenn meine Väter doch sagten: „Wenn auch Gott seine Tage anderswo verbringt, übernachtet er immer in Ruanda". Während dieser hundert Tage des Völkermordes war er nicht da, wandte er sein Gesicht ab, ebenso wie die internationale Gemeinschaft. Ich wunderte mich, dass er für meine Bitten so taub und so gleichgültig gegenüber meinen Tränen, Leiden und den Demütigungen der Meinigen blieb.

Solche Fragen lassen mir keine Ruhe mehr.

Nach diesen hundert Tagen des Leidens, auch des Schweigens, hundert Tagen, die unendlich lang erschienen, nahm ich mir vor, zu leben, um all das zu bezeugen. Am Anfang war das Leid zu schwer und zu tief die Wunden, und ich konnte nicht darüber reden. Ich vermutete, daß das für mein ganzes Leben so bleiben würde.

Nur, indem ich mein erstes Tatsachenbuch schrieb („Der Tod will mich nicht")[1], konnte ich darüber sprechen, meinen Gram, meine Verzweiflung und Wut herausschreiend. Deshalb wollte ich die Mörder kennenlernen, um sie zu fragen,

41

warum und wie ein Mensch zur Bestie werden kann. Ich wollte verstehen, wie unsere Nachbarn töten und vor dem Tod noch foltern und vergewaltigen konnten. Ich habe mich entschlossen, diese Analyse über den Völkermord weiterzuführen. Ich mußte vor allem eine Organisation schaffen. So haben wir die Asso-

Yolande Mukagasana
im Gefängnisinterview

ziation gegründet: „NYAMIRAMBO, Point d'appui (Stützpunkt)", eine Assoziation, die es uns ermöglichen wird, die Tatsachen zu sammeln. Deshalb bin ich zurück nach Ruanda geflogen, um mit den Mördern zu sprechen, da sie die Einzigen sind, die das Geheimnis des Genozids kennen. Dort habe ich auch die Überlebenden getroffen, die unter dem gleichen Schmerz wie ich leiden. So war ich in einem Gefängnis mit dem Vizepräsidenten unserer Assoziation, der die Bilder dieser Begegnung festgehalten hat. Das Gefängnis war schon überfüllt von mutmasslichen Verbrechern, die wir ohne Schutz trafen, um die Gefühle von jedem Einfluss freizuhalten. Da trafen sich Opfer und Täter. Einige bekannten sich schuldig und erzählten alles; andere schwiegen oder bezeichneten sich als unschuldig. Wie es eben auch der Fall bei Gaspard war, der meine Kinder aus dem Zimmer schickte und mich der Ungerechtigkeit beschuldigte.
Unter diesen Ereignissen sind einige sehr berührend, wie die Halbwüchsigen, die andere Kinder umbrachten, Journalisten, die den Hass angeschürt hatten, oder eine Frau, die ihre eigenen Kinder zusammenschlug.

Ich war auch in den ruandischen Hügeln, um Überlebende des Genozids zu treffen. Sie sind arm, sehr arm und so traurig. So viele Zerbrochene! So viele Waisen des Massakers, die mich als ihre Mutter annehmen wollten! Dort habe ich gesprochen und Zeugnisse gesammelt. Eine davon ist diese Hutu-Frau, deren Körper zerschnitten wurde, weil sie einen Tutsi geheiratet hatte. Sie erlitt dabei solch ein seelisches Trauma, daß sie mir nur stumm die Wunden und Narben zeigen konnte. Diese Traumata, diese Wunden machen stumm. Clémence verlor alle

Cleménce K.

ihre Angehörigen und wurde wochenlang geschlagen und vergewaltigt. Sie gebar ein Kind, das sie trotzdem liebt, trotz allem. Sie sagte mir: „Heute muß ich sagen, dass dieses Kind der einzige Reichtum ist, der mir geblieben ist. Ich habe es Umararungu genannt, das bedeutet: Diejenige, die mich aus der Einsamkeit herausholt." Das Kind wird von dem Vergewaltiger bedroht, weil es so aussieht wie er. Und es wird von den überlebenden Opfern gemieden, weil sie dadurch an die Schreckenszeit erinnert werden. Es hat nur seine Mutter. Die beiden leben im Elend, im unvorstellbaren Elend. Sind wir denn fähig, ihnen je zu helfen? Sind wir zu solch einer Generosität noch fähig?

Ich sprach auch mit Aneilla M., die ihre eigenen Kinder ermordete. Sie war durch Hetzer dazu angestiftet worden, da ihr Mann Tutsi war und damit auch ihre Kinder. Sie kann nur noch weinen.

Ich sprach mit Evariste N., der als Kind die Nachbarkinder tötete, weil er dazu gezwungen wurde, und der seine Verführer anzeigte.

Ich sprach mit Matthieu N., der tötete und nun als medizinischer Assistent erkennt, daß er seinen Beruf und sein Gewissen verraten hat und der mir sagte: „Ich danke Gott, daß ich noch am Leben bin und so um Verzeihung bitten kann. Aber innerlich bin ich ein toter Mann."

Enos N.

Und ich sprach mit Enos N., der mit dem Schädel seines Opfers umherging und mir sagte: „Einige Zeit nach dem Völkermord hat dieser Schädel zu mir gesprochen, während ich am Haus meines Opfers vorbeiging. Er hat mich gebeten, ihn mit mir zu nehmen. Ich muss sühnen."

Ein Teil unserer Arbeit besteht in einer Ausstellung, einer Sammlung von Porträts und Zeugnissen. Diese hat in Europa die Runde gemacht. Darüber wird im Jahre 2000 ein Buch erscheinen. Es soll das Gedächtnis wachhalten und von einem Volk erzählen, das im Tiefsten verletzt bleibt. Kinder haben all ihre Unschuld verloren, Kinder, die das Töten gesehen haben und das Vergewaltigen. Kinder, die dann auch manchmal mitmachten. Waisen, die irgendwo durch den Busch gelaufen sind, oft hunderte von Kilometern, ohne zu wissen, warum.

Die Ausstellung, das Buch und die Assoziation werden als Treffpunkt für meine Brüder und Schwestern aus Ruanda dienen. Ruanda ist ein Land von Frauen und Waisen geworden. Deshalb fühle ich mich in meinem Mutterherz und meiner Frauenwürde getroffen.

Ich habe das Rehabilitationszentrum in Gitagata besichtigt. In diesem Zentrum werden Kinder wieder eingegliedert, die gemordet haben, die auch Opfer der Ideologie, Opfer des Hasses sind, die in ihren Seelen so tot sind, wie meine Kinder. Das sind viel zu viele persönliche Tragödien für ein kleines Land, das am Rande der internationalen Gesellschaft allmählich zugrunde geht.

Die Kinder des Waisenhauses in Kibuya, etwa an der Grenze zur Demokratischen Republik Kongo (ehemals Zaire), leiden an zu vielen Problemen auf einmal, an Armut, an dem Schmerz, die Eltern verloren zu haben und an Wohnungsmangel. Viele haben ihre Eltern in den Flüchtlingslagern im Kongo verloren. Es mangelt aber an Schulen. Die Ältesten erreichen zwar den Grundschulabschluß. Jedoch haben die anderen meistens keine Zeit dafür, da sie selbst die Feldarbeit leisten und auf die Ernte warten müssen. Sie brauchen materielle Hilfe, zu wenig kann vom Staat geholfen werden. Diese Kinder sind so arm, dass sie keine Kleider tragen. Viele leiden unter Nervenzusammenbrüchen, wie etwa Illuminata (15 Jahre alt), die mit 10 Jahren Waise geworden ist. Ihre erste Nervenkrise ereignete sich, als ein Knabe ihrer Klasse erzählte, was er mit seiner Mutter in den Ferien vorhatte. Können Sie sich die Tiefe dieser psychischen Wunde vorstellen? Wie kann diese Jugendliche ihr Leben annehmen?

Heute wird viel in Ruanda von Versöhnung und Frieden gesprochen. Man möchte schon vergessen; man muss es auch, schon, um wieder zusammen zu leben. Aber wir müssen die Erinnerung lebendig halten. Vergeben heisst nicht vergessen. Wer die Ruandaer versöhnen will, kann nicht Straflosigkeit akzeptieren. Schuldige gibt es auf beiden Seiten, da gibt es keine Teilung, etwa in Hutu-Verbrecher und Tutsi-Opfer. Solch eine Diskriminierung wäre nur all zu leicht und erlogen. In Ruanda gibt es nur Ruandaer und unter ihnen Verbrecher in Erwartung des Urteils und Opfer, die Hilfe brauchen und deren Würde wiederhergestellt werden muss. Diese Opfer sind so unterschiedlich verletzt; sie haben das Recht auf psychologische Berater, materielle Unterstützung, und leider benötigen sie intensive ärztliche Hilfe. Manche Frauen, zum Beispiel, leiden an Fisteln der Genitalien seit ihrer Vergewaltigung; eine Operation könnte ihnen helfen, ihre Fraulichkeit wiederzuerlangen.

Das sind nur Beispiele. Ruanda braucht noch eine hochherzige soziale Politik: da gibt es Todeskandidaten auf den Strassen der Städte, wie auf dem Land. Sie wandern umher. Was für das Land nötig ist, wäre eine rasch arbeitende und vor allem gerechte Justiz. Die Gefängnisse sind voll, unerträglich voll. Die Unschuldigen müssten bald entlassen werden. Diese Justiz muss vor allem, wie schon gesagt, gerecht sein. Wir wollen kein Lynchen mehr! Die Gerechtigkeit der Justiz muß der Grösse der Verbrechen angemessen sein.

Es geht um die Zukunft unseres Landes, um das friedliche Zusammenleben der Ruander, um den Frieden der Region der „Grands Lacs" (der Grossen Seen). Für die Stabilität Afrikas sollten wir das Land auf dem Boden der gerechten Verurteilung des Völkermords neu erbauen.

Warum haben wir den Namen unserer Assoziation gewählt als „NYAMIRAMBO" ?
Nyamirambo wurde und bleibt noch meine Heimat.
In Nyamirambo habe ich das Glück und die Liebe erlebt.
Da hatte ich alles aufgebaut, da habe ich alles verloren.
Da ruhen meine Kinder in einem Sammelgrab.
Da ruht mein Mann, ich weiß nicht wo.
Da will ich diesen Tod überleben, weiterleben und noch lieben.
Da soll die Liebe bald den Hass auslöschen.

„Nyamirambo", heisst in unserer Sprache „Ort der Ahnen". Unsere Assoziation geht auf diese lebendige Erinnerung zurück. Wir suchen einen Fonds, um mein Buch „ Der Tod will mich nicht" auf ruandisch zu übersetzen.
In Nyamirambo besitze ich ein Grundstück, auf dem wir ein Denkmal der Opfer errichten möchten. Dafür gebe ich diese Parzelle. Mein Haus soll auch als Dokumentationszentrum dienen, wo die Ruandaer sich informieren können, was während des Genozids wirklich passierte. Das Denkmal der Opfer und das Informationszentrum sind unsere Hauptprojekte. Wir unterstützen auch besonders die Frauen- und Kinderhilfsassoziationen, die sich nach und nach im ganzen Land gründen. Jede Hilfe wäre willkommen.

Ich möchte jetzt mit einigen Bildern und Namen abschließen, mit Personen, an die ich noch so denke, als wäre ich gerade von ihnen gekommen:
Clémence, mit dem Kind ihrer Vergewaltigung.
Evariste, der im Alter von 10 Jahren tötete.
Enais, der bedauert getötet zu haben und mit dem Schädel seines Opfers umhergeht.

Anselm, der sein Studium abgebrochen hat, da er keine Ideale mehr hat.
Patrice, der bekennt, mehr als hundert Menschen massakriert zu haben.
Valerie, die Journalistin, die den Hass angeheizt und verbreitet hat.
Aneilla, die ihre eigenen Kinder ermordete.
Gaspard, der meine Kinder ermordete.
Veronique, die gekreuzigt wurde.
Edouard, der Bürgermeister, der trotz allem den Genozid ablehnte.
Bernadette, die gefoltert wurde, da sie Tutsis versteckt hatte.
Beuta, die bei meinen Kindern im Sammelgrab ruht.

An diese denke ich.
Ich danke auch Ihnen, die entschieden haben, mir diesen Preis zu verleihen.
Diese besondere Anerkennung macht mir Mut. Den Völkermord und die Opfer
zuzugeben, hilft, den Hass und den Rassismus in Rwanda zu bekämpfen.
Ein Chefredakteur wurde letztens in Burkina ermordet. Im Dezember 1998 konn-
te er noch schreiben: „Das Schlimmste im Leben ist nicht die Grausamkeit des
Bösen, es ist das Schweigen der guten Menschen."
Schweigen heißt manchmal etwas anderes als nur Gleichgültigkeit. Schweigen
wird auch Mitschuld. Das wollen wir aber nicht. Ich danke Ihnen sehr.

Discours de remerciement de
Madame Yolande Mukagasana

Je suis Madame Yolande Mukagasana et je suis 45 ans. J'oi a perdu mon mari dans le génocide d'avril 1994.

J'ai perdu mes trois enfants le 15 avril 1994 à Kigali: un garçon de 14 ans et deux filles de 14 et 13 ans.

J'habite aujourd'hui en Belgique. Il me reste trois enfants: les trois filles de mon jeune frère, Gisèle, qui a 16 ans, Jeanne, qui a 12 ans et Arlette qui n'a que 10 ans. Elles ont elles aussi perdu leurs parents.

Comme chaque fois que je veux parler du génocide du Rwanda, je ne trouve plus mes mots, j'ai du mal à trouver mes mots car je n'arrive pas à trouver les termes appropriés, et je me pose des questions. Pourquoi mes amis d'hier sont-ils mes ennemis d'aujourd'hui? Pourquoi suis-je coupable aux yeux de tous? Ce sont des questions que je me posais quand j'étais cachée dans la brousse où j'ai connu la faim, la soif, la peur et le chagrin. Dans la brousse où je me suis évanouie quand j'ai vu découper mon mari en morceaux. Dans cette brousse et sous cet évier où je suis restée cachée 11 jours. J'ai eu le temps de voir ce qu'étaient l'homme et l'humanité. Le temps de me demander où était passé Dieu, alors que mes ancêtres disaient: «Même si Dieu passe ses journées ailleurs, il passe toutes ses nuits au Rwanda.» Pendant les cent jours du génocide, non seulement il n'était pas là, mais il s'est conduit comme la communauté internationale: il est resté spectateur. Je me demandais comment il avait bien pu devenir sourd à mes supplications et indifférent aux larmes, aux douleurs et aux humiliations des miens.

Toutes ces questions et bien d'autres encore continuent à hanter mes nuits. Aurai-je un jour une réponse?

Après ces cent jours de douleur, ces cent jours pendant lesquels le reste du monde s'est tu, ces cent jours qui nous ont semblé une éternité, j'ai accepté de vivre.

Vivre pour témoigner. Au début, je ne pouvais pas, car la douleur était grande et la blessure profonde: je pense qu'il en sera ainsi pendant le reste de ma vie.

J'ai d'abord écrit mon premier livre de témoignage «La mort ne veut pas de moi»: après seulement, j'ai pu parler en criant mon chagrin et ma révolte. À partir de ce moment, j'ai voulu rencontrer les assassins pour leur demander pourquoi et comment, à un certain moment, un être humain peut devenir pire qu'une bête. Je voulais savoir comment mes voisins et les autres avaient pu tuer, avaient pu torturer et violer avant de tuer. J'ai décidé de poursuivre ce travail sur le géno-cide, mais il fallait que je trouve une structure qui me permette de travailler. D'autres personnes et moi-même ont donc créé une association que nous avons appelée «NYAMIRAMBO Point d'Appui», une association qui me permettait de travailler sur le génocide. Nous n'étions que trois fondateurs. Je suis donc retournée au Rwanda pour rencontrer les génocidaires: je voulais leur parler, car je me disais qu'ils étaient les seuls à détenir le secret du génocide. J'ai voulu ren-contrer les autres rescapés pour voir si nous avions les mêmes blessures et je leur ai parlé.

J'ai voulu visiter les prisons du Rwanda avec le vice-président de notre associa-tion: c'est lui qui a pris les photos de cette rencontre.

Nous sommes entrés dans des prisons bondées: il y avait beaucoup de criminels présumés. Nous sommes entrés sans protection, car nous voulions que notre émo-tion reste intacte, protégée de toute influence extérieure: la rencontre entre vic-times et bourreaux. Nous avons récolté beaucoup de témoignages de génocidai-res qui plaidaient coupables. Certains disent la vérité et avouent tous leurs cri-mes; d'autres au contraire ne disent pas tout ou se disent innocents. C'est le cas de Gaspard qui a obligé mes enfants à sortir et qui me trouve injuste à son égard, car il trouve qu'il est innocent.

Parmi ces témoignages, certains sont très émouvants: des enfants qui ont tué d'autres enfants ou même des adultes, ou des journalistes qui ont défendu et pro-pagé l'idéologie génocidaire, ou encore une femme qui a tué ses propres enfants. La liste serait longue.

Mais je suis aussi allée sur les collines du Rwanda pour rencontrer les rescapés du génocide. Ils sont pauvres, très pauvres, très tristes, beaucoup sont handicapés. J'ai parlé avec les orphelins du génocide et des massacres: ils m'ont demandé d'être leur maman. Ils sont nombreux. J'ai parlé avec des femmes violées, en par-ticulier avec une femme hutu excisée: il fallait la punir de s'être mariée à un Tutsi. Elle était tellement traumatisée qu'elle a tenu à me montrer son sexe coupé. La blessure est profonde.

Clémence, elle, n'a pas seulement subi le viol. Elle a un enfant du viol, le fruit de la haine, et qui ressemble fortement et visiblement pour tous à son père. Un enfant qu'elle a accepté d'élever parce qu'elle l'aime. Ils vivent tous deux dans une misère indescriptible. Serions-nous capables d'une telle générosité?

Une partie de ce travail consiste en une exposition de portraits et de témoignages qui font le tour de l'Europe: le tout sera réuni en un livre qui sortira en avril 2000.

Tout ce travail, je l'ai fait pour que tous ces événements s'inscrivent dans la mémoire des hommes. Mais je l'ai fait aussi pour montrer la réalité d'un peuple Un peuple blessé jusqu'au fond de l'âme: les enfants eux-mêmes ont perdu leur

Des enfants qui ont parcouru à pied des kilomètres et des kilomètres, traversant des pays sans même savoir pourquoi.

Tout cela me servira à trouver un point de rencontre, celui où se retrouveront tous mes frères rwandais, dans un Rwanda où le Dieu Imana recommencera à passer des nuits calmes.

Le Rwanda est devenu un pays de femmes et d'enfants: c'est la raison pour laquelle les orphelins et les femmes violées ont touché plus particulièrement mon cœur de mère et ma dignité de femme.

J'ai visité le centre de rééducation de Gitagata. On y rééduque les enfants qui ont tué, ces enfants victimes de l'idéologie génocidaire qui ne sont pas moins morts que mes enfants. On comprendra qu'il y a là trop de problèmes pour un pays marginalisé par la communauté internationale.

Les enfants de l'orphelinat de Kibuye, à la frontière ouest avec le Congo (ex-Zaïre) sont confrontés à des problèmes cruciaux: la pauvreté, le manque de logement et surtout la blessure causée par la perte de leurs parents. Les enfants sont mélangés: certains sont des rescapés du génocide, d'autres ont perdu leurs parents dans les camps de réfugiés au Congo. Les plus grands sont à l'école secondaire, mais manquent de matériel scolaire ; pour vivre, ils n'ont que la ressource d'aller travailler eux-mêmes aux champs, de les cultiver et d'attendre la récolte. Le gouvernement les aide à résoudre quelques uns de leurs innombrables problèmes, ils reçoivent aussi un peu d'aide extérieure, mais cela ne suffit pas.

Ils sont tellement pauvres qu'ils n'ont même pas assez de vêtements, leur vie quotidienne est difficile et l'avenir n'est pas très prometteur. Beaucoup de ces enfants sont traumatisés, ce qui les met souvent dans des états nerveux épouvantables. C'est le cas d'une fille de 15 ans, Illuminata, qui a perdu tous ses parents à 10 ans. Elle m'a expliqué qu'elle avait eu pour la première fois une crise de nerfs due au traumatisme lorsque qu'une de ses compagnes de classe lui avait raconté ce qu'elle comptait faire avec sa mère pendant les vacances. Vous rendez-vous compte de la profondeur de cette blessure ? Comment faire accepter la vie à cette enfant , cette vie qui semble tracée pour elle une fois pour toutes !

Aujourd'hui, beaucoup de gens parlent de réconciliation. Le gouvernement rwandais lui-même a mis sur pied une commission chargée de la réconciliation. Il y a là sans aucun doute une grande générosité et un souci de voir les Rwandais réunis. C'est très bien et cela part d'une bonne intention. Mais je trouve qu'il s'agit là d'un point très délicat et sensible, que nous devrons approfondir, car, concernant l'avenir de mon peuple, nous n'avons pas le droit à l'erreur.

Pour aider les Rwandais à se réunir, il faut lutter contre l'impunité. Il faut à tout prix éviter de jouer la carte de la division. Au Rwanda, il n'y a pas deux camps, les Hutus assassins et les Tutsis victimes. Ce serait la solution de la facilité et du mensonge. Au Rwanda, il y a les Rwandais, et, parmi ces Rwandais, il y a des criminels qu'il faut juger et des victimes qu'il faut soutenir pour qu'elles puissent à nouveau vivre dignement. Ces victimes souffrent, à des degrés divers, de traumatismes: elles ont droit à un soutien tant moral que matériel, y compris les soins médicaux. On rencontre, par exemple, beaucoup de cas de fistules causées par les viols: or, ces femmes peuvent être opérées et revivre leur féminité. Le tissu social rwandais doit être soigné, car il est déchiré. Au Rwanda, il y a des morts ambulants.

Dans ce pays, les gens continuent à cohabiter sur les collines, comme avant le génocide, comme ils l'ont fait depuis toujours. Au lieu de parler si vite de cette réconciliation des gens qui sont ensemble, venez plutôt en aide à la justice rwandaise, aidez-la à dégorger les prisons, à en faire sortir les innocents et à juger les coupables. Il nous faut une justice équitable, car il s'agit d'un génocide, d'un crime contre l'humanité. Luttons et châtions l'idéologie génocidaire propagée par les idéologues occidentaux, soutenus par les Rwandais cerveaux du génocide, qui se promènent ici en liberté dans les pays des droits de l'homme. Il est vrai que nous combattons le génocide. Mais, comme tous les autres êtres humains, nous avons le devoir de bannir l'idéologie de ce génocide et de combattre le fascisme tropical.
Pour l'avenir du peuple rwandais, pour que ses habitants puissent cohabiter en paix dans la région des Grands Lacs, pour, tout simplement, la survie de l'Afrique tout entière et pour le salut de l'humanité, nous devons accepter la nécessité de rebâtir sur le génocide, c'est-à-dire sur l'Histoire.

Pourquoi avons-nous appelé notre association
«NYAMIRAMBO Point d'appui»?

Ce Nyamirambo qui fut et reste mon quartier,
Ce Nyamirambo où j'ai vécu l'amour des miens et le bonheur,
Ce Nyamirambo où j'ai tout construit et où j'ai tout perdu,
Ce Nyamirambo où mes enfants gisent dans une fosse commune,
Ce Nyamirambo où je ne peux même plus distinguer les ossements de mes enfants de ceux de plusieurs autres,
Ce Nyamirambo qui m'a refusé de savoir où le bulldozer a conduit mon mari.

Ce Nyamirambo que je viens ressourcer mon amour des hommes,
Ce Nyamirambo que je veux reconstruire la vie sur la mort,
Ce Nyamirambo où l'Amour devra triompher sur la haine.

«Nyamirambo», cela veut dire «l'endroit des cadavres», c'est dire que le passé de Nyamirambo est lié à la mort.

Comme le premier objectif de notre association est la Mémoire, nous sommes à la recherche de fonds qui permettraient de faire traduire mon livre «La mort ne veut pas de moi» en Kinyarwanda, afin de l'offrir à la jeunesse rwandaise.

Le gouvernement rwandais veut créer en dehors de la ville de Kigali un site du génocide des morts de la capitale. Personnellement, je trouve cela désolant. Au sein de l'association, nous sommes donc en train d'élaborer un projet qui permettrait de réaliser un site symbolique à l'endroit où se trouve la fosse commune où sont enterrés mes enfants et bien d'autres avec eux.

Je voudrais faire cadeau de ma parcelle à tous ces morts pour leur offrir une identité. Quant à la maison - que je n'ai pas encore fini de construire - elle servira de centre de documentation, d'information et de recherches sur le génocide.

Je la construis avec l'espoir de pouvoir l'agrandir pour que tous les rescapés du génocide puissent s'y reposer et s'y recueillir. Ce sont là nos deux projets en cours: ils sont très importants. Nous allons également soutenir les associations fondées par ces femmes et ces jeunes sur lesquels repose l'avenir du Rwanda. Tout soutien est le bienvenu, car au Rwanda tout est à refaire.

Je voudrais vous expliquer maintenant les photos que nous avons choisies pour illustrer le travail auquel nous nous livrons actuellement sur la réalité du tissu social rwandais:

1. Clémence avec l'enfant du viol.
2. Évariste qui a tué à 10 ans.
3. Enais qui regrette d'avoir tué et se promène avec le crâne de sa victime.
4. Anselme qui a abandonné ses études car il n'a plus d'idéal.
5. Patrice qui avoue avoir tué plus de cent personnes.
6. Valérie, la journaliste, qui a propagé l'idéologie génocidaire.
7. Ancilla qui a tué ses propres enfants.
8. Gaspard qui a tué mes propres enfants.
9. Véronique qui a été crucifiée.
10. Édouard, le bourgmestre, qui a refusé le génocide.
11. Bernadette, torturée pour avoir caché des Tutsi.
12. Beata qui a été amenée à la fosse avec mes enfants.

Pour terminer, je voudrais remercier tous ceux qui ont décidé de m'attribuer ce prix. Pour moi, reconnaître mon travail, c'est m'encourager. Reconnaître un rescapé du génocide, c'est reconnaître le génocide.

Reconnaître ouvertement le génocide, c'est reconnaître qu'il a eu lieu: c'est contribuer à refuser l'idéologie fasciste et génocidaire et à la combattre.

Avant d'être assassiné en décembre 1998, un rédacteur en chef d'un journal bourkinabe a dit:
«Le pire, dans la vie, ce n'est pas la méchanceté des gens, mais le silence des gens bien.» Il s'appelait Norbert Zongo.

Ne soyons pas complices du mal par notre silence.
Je vous remercie.

Yolande Mukagasana

II. ROUND-TABLE „BÜRGERKRIEG UND VERTREIBUNG"
II. TABLE RONDE «GUERRE CIVILE ET EXPULSION»

Bürgerkrieg und Vertreibung

Round-table

HELMUT HUBEL:

Das Thema „Bürgerkrieg und Vertreibung" hat in den 90er Jahren in Europa besonderes Augenmerk erfahren. Auf unserem Kontinent war ja nach dem Ende des Ost-West-Konflikts zunächst der Eindruck vorherrschend, dass nun die Chance für eine weltweite Befriedung gegeben sei. Dieser Eindruck war gestützt auf die überraschende, ja überwältigende Erfahrung des weitgehend friedlichen Wandels in Europa - wir haben das vor wenigen Tagen anlässlich des 10-jährigen Jubiläums des Mauerfalls noch einmal miterlebt. Um so schockierender waren dann für uns Europäer die Ausbrüche massiver Gewalt in zahlreichen Krisenherden - ob im ehemaligen Jugoslawien (Bosnien-Herzegowina, Kosovo), im Süden der ehemaligen Sowjetunion (Nagornyj Karabach oder jetzt wieder Tschetschenien), in Südostasien (Ost-Timor) oder eben in Afrika (Somalia, Sierra Leone oder insbesondere in Ruanda und Burundi). Statistisch dürfte es schwer zu belegen sein, dass in den 90er Jahren tatsächlich eine Zunahme von regionalen Konflikten zu verzeichnen ist. Wohl unbestritten ist aber, dass sich das internationale Augenmerk nun stärker auf diese Fälle massiver Gewalt, und damit einhergehend schwerster Menschenrechtsverletzungen, richtet. Als besonders schlimmes Phänomen ist festzuhalten, dass systematische Menschenrechtsverletzungen - etwa die Vertreibung ganzer Volksgruppen - mittlerweile geradezu als Instrument des Krieges im Inneren von Staaten eingesetzt werden.

Mehrere Faktoren haben dafür gesorgt, dass das Thema „Bürgerkrieg und Vertreibung" nun auch bei uns stärkere Aufmerksamkeit erfahren hat. Ich will nur drei kurz ansprechen:

Erstens: Der weltpolitische Konflikt zwischen West und Ost ist beendet und damit auch die Hochrüstung. Im größten Teil Europas konzentrieren sich heute Politik und Öffentlichkeit auf die friedliche Transformation der Gesellschaften. Vor allem der krisenhafte Zerfall Jugoslawiens hat uns Europäer bei dieser Aufbauarbeit gestört; wir haben in Bosnien-Herzegowina und im Kosovo die Exzesse der Gewalt und das Leiden der Menschen gewissermaßen hautnah miterlebt. Dennoch dominiert auf unserem Kontinent die Perspektive der Vereinigung des Kontinents in Frieden und Freiheit. Es ist also dieser Kontrast und die daraus resultierende Verstörung, die uns immer wieder auf dieses Thema „Bürgerkrieg und Vertreibung" stossen.

Zweitens: Die Folgen weltweiter Bürgerkriege sind in Europa insbesondere in der Problematik von Hunderttausenden von Flüchtlingen und Asylsuchenden deutlich geworden. Beispielsweise hat Deutschland angesichts der neuen, auch innenpolitisch dramatischen Herausforderungen seine Asylgesetzgebung erheblich verschärft, was bekanntlich hierzulande zu intensiven Debatten geführt hat. Drittens: Im neuen Zeitalter der Globalität - der Periode weltumspannender Satelliten- und Kommunikationsverbindungen, ökonomischer Interaktionen und Finanztransaktionen - scheinen die Medien eine ganz besondere Rolle zu spielen. Insbesondere das Fernsehen und das Internet können heute Bilder und Berichte gerade auch vom menschlichen Leid der Menschen in Krisenlagen sehr rasch in die „Friedenszonen" zu den reichen Industriestaaten transportieren. Der sogenannte CNN-Faktor ist damit zu einem ernst zu nehmenden Element der internationalen Beziehungen geworden. Die Bilder menschlichen Leids - gleich woher sie stammen - können Menschen aufwühlen. Medien können Krisen als Ereignisse darstellen, die dann auch die politisch Verantwortlichen zum Handeln zwingen. Ich sage können, denn die Politik sieht sich nur unter bestimmten Bedingungen zum Handeln gezwungen; vielfach tut sie auch nichts. Man kann geradezu behaupten, dass es nicht selten die Medien sind, die ein krisenhaftes Ereignis in der Welt bei uns erst „zur Krise machen" - oder eben auch nicht. Auf jeden Fall läßt sich feststellen, dass Goethes Feststellung „(...) wenn hinten, weit, in der Türkei, die Völker aufeinander schlagen (...)", man sein Gläschen austrinke und die Friedenszeiten segne (Faust 1) - eine Aussage, die ja damals schon ironisch gemeint war - heute nicht mehr gilt.

Es wird uns in der zur Verfügung stehenden Zeit nicht möglich sein, alle Aspekte dieser Thematik umfassend zu behandeln. Aber wir schätzen uns glücklich, heute auf diesem Podium Experten mit spezifischen Erfahrungen zu haben, die einige der Probleme kenntnisreich erhellen können. Lassen Sie mich die Spannbreite der Expertise verdeutlichen: Wir haben in der Preisträgerin ein unmittelbares Opfer von Bürgerkrieg und Vertreibung. Wir haben in der Person von Frau Prof. Süssmuth eine bekannte politische Anwältin für Menschenrechte, nicht zuletzt für die Belange von Frauen. Wir haben mit Frau Dr. von Pilar die Repräsentantin einer humanitären Hilfsorganisation, die sich in akuten Krisenlagen um die Linderung von menschlichem Leid bemüht. In Frau Lochbihler haben wir die Repräsentantin einer weltweit agierenden Menschenrechtsorganisation bei uns, die sich insbesondere um Opfer politischer Gewalt und anderer Menschenrechtsverletzungen sorgt. Und schließlich kann uns Herr Prof. Matthies als Politikwissenschaftler zu strukturellen Ursachen von Krisen, insbesondere in Afrika, Auskunft geben und vielleicht einige grundsätzliche Hinweise zu friedlichen Lösungen anbieten.

v. l.: Prof. Süssmuth, Dr. von Wroblewski, Y. Mukagasana,
Prof. Hubel, Dr. von Pilar, U. Lochbihler und Prof. Matthies

Ich würde jetzt gerne an jeden der Teilnehmer eine Frage richten und um eine Antwort bitten, die uns Gelegenheit zu einem weiterführenden Gespräch gibt.

Zuerst meine Frage an Mme.Mukagasana:
Was waren Ihres Erachtens die entscheidenden Anlässe für den Ausbruch der Gewalt in Ihrem Land? Was sehen Sie als die wichtigsten Lehren daraus?

YOLANDE MUKAGASANA:
Wenn ich vom Schweigen gegenüber dem Völkermord in Ruanda spreche, dann ist das nur eine kleine Zusammenfassung. Denn die Geschichte unseres Völkermords berührt sowohl die Bevölkerung Ruandas, wie die Afrikaner, wie die Bevölkerung der Welt - besonders Europas. Viele sprechen nicht gern von Genozid, von Völkermord, sondern lieber von ethnischem Krieg oder von Bürgerkrieg oder benutzen andere Ausdrücke, die fast eine Beleidigung oder ein Mangel von Respekt gegenüber dem sind, was wirklich geschehen ist. Wenn ich von dieser Geschichte sprechen soll: Ich erfuhr als Fünfjährige bereits, dass ich Tutsi bin, als eine Lanze meinen Schenkel durchbohrte und meinen Schenkel brach, weil man meinen Vater, dem das eigentlich galt, in dem Moment nicht fand. Der ethnische Personalausweis, den jeder von uns hatte und der eine wichtige Grundlage für jeden war, wurde 1933 von der Kolonialmacht eingeführt. Die ersten Mas-

saker gegen die Tutsi in Ruanda fanden 1959 statt und zwar vor den Augen der ganzen Welt. Die Leute, die diese Massaker begingen, sind nie bestraft worden. 1963 wurden 8.000 Menschen umgebracht, und die UNO hat das nie anerkennen wollen. Gregor, dessen Bild ich Ihnen gezeigt habe, wurde 1967 ins Gefängnis gesteckt. Deshalb glauben wir nicht mehr all zu sehr an internationale Organisationen. Wir sind all zu sehr enttäuscht worden.

So viel ich weiss, lässt Ihre Verfassung einen Staatsstreich nicht zu. Bei uns hat 1973 ein Präsident einen anderen Präsidenten umgebracht und die Macht übernommen. Er wurde von allen Staatschefs und Regierungen anerkannt und hofiert. Ich bin als Opfer aufgewachsen, und ein Hutu-Kind wurde zu einem Täter-Kind grossgezogen durch die Geschichte, die wir erlebt haben. Deshalb darf man die Ursachen für den Völkermord nicht im Jahre 1994 suchen. Als die Patriotische Front Ruanda angriff, haben Frankreich, Belgien und andere Länder Soldaten zu uns geschickt, die gekämpft haben, obwohl sie wussten, dass Ruandaer untereinander kämpften. Ruanda ist eines der zwei ärmsten Länder der Welt. Mehr als die Hälfte der Bevölkerung sind Analphabeten. Man hat eine Radiostation benutzt, die den Hass propagierte, und es gab Westeuropäer, die Aktien in dieser Radiostation hatten. Wo suchen Sie die Gründe für diesen Völkermord? Gestern oder auch 1933 als dieser Personalausweis eingeführt wurde, der zwischen Tutsi und Hutu unterschied und mit all dem, was danach folgte. Es ist also an mir, Ihnen diese Frage zu stellen.

HELMUT HUBEL:
Wir haben hier eine ganze Reihe von Faktoren genannt bekommen: die ethnische Differenzierung, das Erbe der Kolonialpolitik; der Zyklus von ethnischen Auseinandersetzungen, die schon längere Zeit angehalten haben und nicht unterbrochen worden ist, die Ignoranz der Welt - auch von internationalen Organisationen - , das Hinnehmen eines Staatsstreichs und schliesslich die soziale und entwicklungspolitische Lage des Landes, also die Armut. Wir können vielleicht später im Gespräch auf diese Faktoren zurückkommen.

Nun meine Frage an Frau Prof. Süssmuth:
Sie haben bereits in Ihrer Laudatio auf die Rolle von Frauen in Bürgerkriegssituationen besonders abgehoben. Könnten Sie zu dieser Problematik noch etwas mehr sagen? Worin sehen Sie die Bedrohung und die besonderen Aufgaben für die Welt und für die praktische Politik, um mit der Problematik der Frauen besser umgehen zu können, Verbesserungen möglicherweise in Gang zu bringen? Gibt es hier allgemeine Lehren, die Sie uns anbieten können?

RITA SÜSSMUTH:

So weit gehe ich nicht. Zunächst sind Menschenrechtsverletzungen natürlich Menschenrechtsverletzungen an Frauen und Männern. Aber unsere Erfahrung ist, dass, wie es gerade gesagt worden ist, Menschenrechtsverletzungen immer wieder neu daraus resultieren, dass Menschen nicht gleich sind, dass differenziert wird; dass Ungleichheit gleichsam zur Ideologie erhoben wird zwischen denen, die mehr als Menschen betrachtet werden und denen, die weniger als Menschen betrachtet werden. So ist also die Geschichte der Frauen in der Zivilisation der meisten Kulturen, dass sie ein Weniger an Menschenwert hatten. Da könnte ich jetzt lange Ausführungen machen, worin sich das niederschlägt.

Der zweite Punkt ist, dass die Opfer von Krieg und Vertreibung heute in erster Linie die zivilen Opfer sind, und das sind überwiegend Frauen, Kinder, ältere Menschen, Kranke und Behinderte. Das Dritte ist, dass die Instrumente des Krieges - ich habe eben von der Massenvergewaltigung gesprochen - ganz massiv bei Frauen angewendet werden und im internationalen Recht immer noch nicht den gleichen Stellenwert wie andere Kriegsverbrechen haben. Vergewaltigung ist kein Asylrecht. Die Art und Weise, wie Vergewaltigung geahndet wird, ist alles andere als nachhaltig, sondern sehr lasch.

Wenn mit den Methoden der Propaganda Hass gepredigt wird, erreicht er in aller Regel Frauen und Männer. Es macht keinen Sinn, zu erklären, die Frauen seien auf Dauer etwa resistenter. Aber sie sind diejenigen, die auf Dauer die Zerstörung hinterher in Aufbau umzuwandeln haben. Das gilt für die Kriege in Europa - schauen Sie sich die Literatur zu Frauen während und nach dem Krieg an. Auch die vertriebenen Frauen sind diejenigen, die in aller Aussichtslosigkeit Hoffnung geben sollen. Ich denke, dass in den bisherigen Methoden der Konfliktvermeidung die alten Muster von der Unausrottbarkeit von Gewalt sehr stark das Denken bestimmen - es ist zivilisatorisch das männliche Denken.

Zum Beispiel ist der Kosovo-Konflikt nicht vom Himmel gefallen, ebensowenig wie der Genozid in Ruanda, sondern er hat eine lange Vorlaufgeschichte. Der Kosovo-Konflikt begann früher als Bosnien und Herzegowina, und wir haben 10 Jahre lang so getan, als würde sich der Konflikt von selbst regeln. Die Prävention hat politische und finanziell viel geringeren Stellenwert als die militärische Intervention. Hinzu kommt, dass über das Interventionsrecht zwar nicht völkerrechtlich, aber politisch sehr gestritten wird. Es liegt - am Beispiel des Kosovo hat man es in erster Linie fest gemacht - am fehlenden UNO-Mandat.

Im jüngsten Tschetschenien-Konflikt kommt erneut die Frage durch Russland auf: Was ist innerstaatlich und berechtigt mich zur Intervention? Bei aller Kritik an der UNO sehe ich eine Stärkung in Richtung Menschenrechtsverletzung. Wenn doch der Klarheit der Wahrnehmung die Mittel entsprechen würden, denn der UNO fehlt es konkret sowohl an Mitteln für ziviles peace-keeping wie für militärisches. Und vor allen Dingen - ob Sie Ruanda oder viele andere afrikanische und nichtafrikanische Staaten nehmen -, ist Not zu lindern. Es ist keine erfolgversprechende Angelegenheit, Versöhnung zu predigen, wenn die Armut bleibt und auch die Frauen überfordert.

Jetzt will ich auch noch etwas Ermutigendes sagen: Bei vielen Aufgaben - ob es die Weltbevölkerung oder Armutsbekämpfung oder Prävention betrifft - machen die Weltorganisationen und die regionalen Organisationen die Erfahrung, dass sie die Zugangsweise, die Wahrnehmung, die Lösungsform der Frau brauchen. Das betrifft all das, was die Frage der reproduktiven Gesundheit, der Familienplanung berührt, weiter das Abgehen von reinen Großprojekten in der Infrastruktur zu mehr Kleinprojekten, oder was Wassergewinnung, Bodenrückgewinnung, Bildung und Gesundheit umfasst. Wir stellen dies auch fest in dem Bereich, der nach dem Kosovo - zumindest ansatzweise - in Deutschland zu neuem Interesse an der Mediation geführt hat - also an Anworten auf Konflikte, für die die herkömmlichen Instrumente nicht reichen. Ruanda ist auch gescheitert, weil es an solchen Mediationsangeboten, d.h. Antworten auf solche Problemfälle, fehlte.

In der Krisenprävention stelle ich zum anderen fest: Wir behaupten zwar immer, dass wir global denken und handeln. Aber allein die innerdeutsche Kontroverse um Ost-Timor hat gezeigt, dass wir bei den regional nahegelegenen Konflikten in Europa dies zwar bejahen; bei Konflikten, die nicht in Europa liegen, sind jedoch erhebliche Barrieren da, in gleicher Weise hineinzugehen. Es werden dann immer wieder die Fragen gestellt, ob etwa deutsche, belgische oder französische Opfer in einem anderen Kontinent erbracht werden sollen.

HELMUT HUBEL:
Hier haben wir einige Aspekte vertieft erhalten, etwa die entwicklungspolitischen Fragen und insbesondere den ganzen Bereich der Prävention. Das ist sicher ein Thema, dem wir uns noch genauer widmen sollten: Wie kann man im Vorfeld sich entwickelnder Krisen früher einschreiten, welche Möglichkeiten gibt es da, insbesondere von seiten bestimmter Organisationen?

Lassen Sie mich deshalb folgende Frage an Frau Dr. von Pilar richten:
Was sind aus Ihrer Sicht die wichtigsten Lehren aus dieser Bürgerkriegssituation, wie der in Ruanda? Was kann im Vorfeld, insbesondere bei der Konfliktprävention getan werden und was könnte vielleicht bei dem, was gegenwärtig geleistet wird, verbessert werden?

ULRIKE VON PILAR:

Wenn ich versuche, diese Frage zu beantworten, dann versuche ich auch, klar zu machen, dass das aus der Perspektive einer Hilfsorganisation passiert - aus der Sicht einer humanitären Hilfsorganisation, die sich zu allererst um die Folgen von solchen Konflikten und Krisen kümmern muss. Die erste Lehre zu Ruanda, die mir in den Kopf kommt, ist, dass offensichtlich in unseren Jahren auf dieser ach so global denkenden Welt immer noch ein Völkermord passieren kann, der in unseren Wohnzimmern beim Abendessen auf den Fernsehschirmen erscheint - und keiner sieht hin. Im Gegenteil: die vorhandenen UNO-Truppen sind abgezogen wurden. Ich habe mich in den vergangenen Jahren immer wieder gefragt: Wie konnte das ausgerechnet auch in Deutschland passieren? So hat man in den Jahren nach dem Völkermord - und Herr Kinkel war damals einer der ersten Minister, die offiziell Ruanda besucht haben, fast anderthalb Jahre nach Ende des Völkermords - immer wieder zu hören bekommen: Wir Deutsche verstehen euch Ruandaer ja, wir haben ja auch mal so einen Völkermord durchgemacht. Die Deutschen haben aber genauso weggesehen in der Zeit; da ist also eine dicke Portion Heuchelei dabei gewesen. Ich frage mich und immer wieder auch Kollegen: Was glaubt ihr eigentlich heute, fünf Jahre später, wenn das noch einmal passieren würde, wäre unsere Reaktion dann anders? Immer natürlich vorausgesetzt, es handelt sich nicht um den Kosovo, sondern um ein relativ unbekanntes Land in Zentralafrika. Es ist wieder passiert, und mit der vielleicht gloriosen Ausnahme des heutigen Tages ist mein Eindruck, dass man erschreckend wenig über den Völkermord in Ruanda und seine Folgen spricht. Ich finde, er ist doch für die meisten von uns sehr schnell wieder aus dem Gedächtnis verschwunden.

Die zweite Lehre jetzt für uns speziell als humanitäre Organisation, die vorher, während des gesamten Völkermords und natürlich nachher wieder in Ruanda tätig war - eine Organisation, die allein mit dem Internationalen Komitee des Roten Kreuzes (IKRK) dort zu bleiben versuchte: Humanitäre Hilfe beendet keinen Völkermord. Was wir in der Zeit des Völkermords und hinterher sehr beklagt und auch angeprangert haben, ist immer wieder die Tatsache, dass während des Völkermords überhaupt nichts passiert ist; im Gegenteil, die einzigen Schutzkräfte sind bis auf rudimentäre Truppenteile abgezogen worden. Aber als dann das alte Regime unter dem Ansturm des neuen mehrere Millionen Menschen in die Flucht in Nachbarländer getrieben und gehetzt hat, und im benachbarten Tansania, aber vor allen Dingen (Goma wird Ihnen noch etwas sagen) im benachbarten Zaire eine Flüchtlingskatastrophe ausbrach, die Cholera ausbrach und es v.a. „nur" um Flüchtlinge ging, die sozusagen plötzlich alle gleich waren, egal, ob sie Völkermörder waren oder nicht - dann brauchte man nicht mehr politisch tätig werden, man konnte „endlich" humanitär tätig werden, was unsere Regierungen (hat man manchmal diesen Eindruck) ja sehr viel lieber tun, als politisch tätig zu werden. In dem Moment waren alle wieder da. Es hat, wie ein Kollege von mir in seinem Buch „Humanitäre Hilfe als Spektakel" geschrieben hat, ein ungeheueres „humanitäres Spektakel" gegeben - weil plötzlich alle ihr schlechtes Gewissen über ihre Untätigkeit und Abwesenheit während des Völkermordes wieder gut machen wollten, indem sie während der Flüchtlingskatastrophe halfen.

Das führt mich für eine Organisation wie die unsrige zu einer der wichtigsten Lehren während dieser Jahre überhaupt: Humanitäre Hilfe ist - gemessen an den Problemen wie Völkermord, Konflikt, Exodus und Vertreibung - wirklich etwas Bescheidenes. Sie ist Überlebenshilfe in akuten Krisen. Dass das teilweise verteufelt schwer zu realisieren ist, ist eine ganz andere Frage. Aber es ist nicht mehr als das. Humanitäre Hilfe hat keine Kompetenz, Antworten zu geben auf die Fragen des Woher und Wieso der Konflikte. Humanitäre Hilfe ist schlicht und einfach kein Mittel, um Konflikte zu lösen. Wir als humanitäre Organisation müssen die Frage an die verantwortlichen Regierungen, inklusive UNO, zurückgeben. Konflikte dieser Art - da schliesse ich den Kosovo genau wie Timor mit ein - haben politisch-soziale Ursachen. Es gibt keine humanitären Ursachen, humanitär sind immer die Folgen von diesen Konflikten.

Insofern muss politisch reagiert werden. Humanitäre Hilfe ist letzten Endes nicht mehr als ein manchmal etwas schwierig zu verabreichendes Pflaster. Ruanda war bis zu den ersten Tagen des Völkermords vermutlich mit Ausnahme Albaniens das Land, das bezogen auf die Bevölkerungszahl die grösste Dichte von Hilfsorganisationen, und in diesem Fall besonders Entwicklungsorganisationen, hatte. Ich glaube, es waren 130 Organisationen. Für ein Land, das kleiner als Thüringen ist, war das ziemlich viel. Ich habe mit mehreren Vertretern dieser Organisationen gesprochen, u.a. auch mit einem Vertreter des Landes Rheinland-Pfalz, das eine Partnerschaft mit Ruanda seit langem hatte, und habe gefragt: Was habt ihr gewusst, was gab es für Anzeichen für den Ausbruch dieses Völkermords? Spannungen hatten alle Organisationen mitbekommen. Aber was mich eben so schockiert hat, war, dass viele dieser Organisationen doch einen Anspruch haben, sehr nahe an den Menschen, sehr nahe an der Zivilgesellschaft - wie man heute sagt - ihres Gastlandes zu arbeiten. Im Falle Ruandas waren das nicht viel mehr als heisse Luft und viele Illusionen. Es hat keiner wirklich etwas gewusst von dem, was sich im Land vorbereitete. Im Gegensatz dazu haben es unsere Regierungen jedoch gewusst. Es gibt inzwischen eine Reihe von veröffentlichten Zeugnissen. Das berühmteste ist vermutlich die Aussage und der Bericht von Romeo A. Dallaire, dem kanadischen Chef der Blauhelme in Ruanda. Er hat in einem erschütternden Bericht beschrieben, wie er über Monate hin versucht hat, seine Regierung, seine Botschaft, die UNO und viele andere Organisationen zu alarmieren. Er war sich völlig klar darüber, dass das, was er in Ruanda beobachtete, den Beginn eines Völkermords ankündigte. Es ist ihm aber nicht zugehört worden.

Auf einer anderen Ebene habe ich in einer Diskussion mit Frau Schwätzer, MdB, gesprochen. Sie hat mir bestätigt, dass 1994 ihrer Meinung nach den Mitgliedern des Bundestagsausschusses für Menschenrechte und humanitäre Hilfe durchaus alle wesentlichen Informationen darüber zur Verfügung standen, dass ein Völkermord ablief. Ein gosser Teil dieser Informationen kam von den Hilfsorganisationen. Das ist manchmal unpraktisch, wie sie mit einem lachenden und einem weinenden Auge sagte: Man habe damals den NGO's (den Nichtregierungs-Organisationen) schlicht nicht geglaubt. Es gab auch britische Meldungen. Vielleicht reichten sie nicht bis in den Bundestag, das weiss ich nicht genau. Auf jeden Fall sind es letztendlich die Mitglieder des Bundestagsausschusses, die aufgerufen wären, dies wahrzunehmen. Sie haben - wie viele andere, die Position zu beziehen haben - nicht reagiert. Die Lehre daraus ist: Es gab offensichtlich, selbst nach Eingeständnis einiger verantwortlicher Politiker, alle nötigen Informationen, um die richtigen Schlüsse zu ziehen.

Ich muss noch einmal daran erinnern, dass nach der Konvention zur Verhinderung des Völkermordes jede Regierung zum Eingreifen verpflichtet ist - in dem Moment, in dem ein Völkermord festgestellt ist. Das Wort „Völkermord" war in einem UN-Bericht bereits im Mai, sechs Wochen nach Beginn des Mordens und sechs Wochen vor seinem Ende gefallen, war aber unterdrückt worden. Die Informationen waren also alle da. Was gefehlt hat, und das ist die Krux, ist der Wille, das in Aktion umzusetzen.

Ich will nicht so tun, als ob ich eine „heilige NGO" hier vertrete, die immer alles weiss und immer alles richtig gemacht hätte. Manchmal denke ich, wie mir das Yolande heute gesagt hat: Gott sei Dank bin ich keine Politikerin; also ich habe schon genug Probleme mit meiner Arbeit. Aber die sind nun noch gravierender. Es bleibt trotzdem noch die Frage - weil doch mehr und mehr nicht immer ganz korrekt von Prävention sprechen -, was die NGO's tun können: Ich glaube, nur sehr wenig oder weniger als man manchmal von ihnen erwartet. Und ich frage mich, ob denn wirklich ehrlich der Wille zur Prävention vorhanden ist, wenn selbst in einem schlimmsten Fall von Völkermord alle Informationen da waren und nicht gehandelt werden konnte?

HELMUT HUBEL:
Hier ist die Frage aufgeworfen worden: Wenn wichtige Informationen vorhanden
sind, wie nimmt dies eine staatliche Administration, ein Parlament usw. auf? Wie
wird das verarbeitet? Unter welchen Bedingungen bringt man dann Regierungen
tatsächlich zum Handeln? Wahrscheinlich muss man auch fairerweise sagen,
Ruanda etwa war ja nicht der einzige Fall. Wenn wir uns die verschiedenen Kri-
senherde etwa während der Jahre 1994/95 vor Augen führen würden, so ist fest-
zustellen, daß mehrere Ereignisse fast zeitgleich abliefen. Man könnte hier einige Fälle nennen; Bosnien-Herzegowina war nur der wichtigste aus europäischer
Sicht. Insofern sollte man m.E. auch das Entscheidungsdilemma der Handelnden
mit bedenken.
Vielleicht sollte man auch mit in Erwägung ziehen, dass gerade in demokratischen Ländern Regierungen dem Zyklus von Wahlen und Wahlkämpfen unter-
worfen sind. Wir wissen, dass es in Wahlkampfzeiten besonders schwierig ist,
ein heikles aussenpolitisches Problem anzufassen. Dies soll nur als kleiner Ge-
sichtspunkt dafür genannt werden, welche Schwierigkeiten sich aus der Sicht der
praktisch Handelnden ergeben können, um diese Informationen, die objektiv
bereits da sind, auch tatsächlich aufzunehmen.
Sie haben, Frau v. Pilar, aus der Sicht einer Nichtregierungs-Organisation auf
einen sehr wichtigen Punkt hingewiesen, der auch für unsere Thematik wichtig
ist: Gerade wenn davon die Rede ist, dass NGO's immer wichtiger werden, dann
stellt sich die Frage, wie diese beiden „Akteure" - die Staaten und die Nichtregierungs-Organisationen - miteinander sinnvoll umgehen, wie sie Informationen gegenseitig einspeisen und wie das dann zu einem besseren Handeln
führt.

Nun eine Frage an Frau Lochbihler: Was sind gegenwärtig die wichtigsten Defi-
zite, wenn es darum geht, die Opfer von Bürgerkriegen und Vertreibung zu
betreuen? Was würden Sie an Empfehlungen und Forderungen aus der Sicht
Ihrer Organisation, Amnesty International, dazu sagen?

BARBARA LOCHBIHLER:
Amnesty International ist ja auch eine Nichtregierungs-Organisation, und Sie
haben in Ihrer Einführung sehr stark den Akzent vertreten, dass wir die Opfer
vertreten. Ja, das tun wir ganz parteiisch! Aber „Opfer" ist natürlich auch ein sehr
passives Wort, und wie wir heute von der Preisträgerin gehört haben, sind die
Opfer sehr wohl die Essenz einer Gesellschaft. Das sind nämlich die Menschen-
rechtsverteidiger, die eine Gesellschaft wieder aufbauen und die vielleicht in eine
solche Situation gekommen sind, weil sie sich schon vorher dafür eingesetzt

haben, dass sich die Gesellschaft transformiert und sich an Menschenrechten orientiert. Als Menschenrechtsaktivistin ist es uns - Amnesty und mir persönlich - natürlich sehr wichtig, dass Menschenrechtspolitik zwischen den Wahlen weder auf nationaler noch auf internationaler Ebene nicht manövrierbar ist.

Es ist sehr wichtig, dass Menschenrechtspolitik und Menschenrechtsschutz in die Medien kommen. Wir brauchen die Medien, damit wir über die Menschenrechtsverletzungen berichten können, nicht nur, um sensationelle Nachrichten herzustellen. Denn nur, wenn wir davon wissen, können die Täter vielleicht abgehalten werden, es weiter zu tun. Die Geheimhaltung ist der grösste Freund der Täter. Aber wir beobachten auch, dass Menschenrechtsverletzungen von den Medien für bestimmte politische Zwecke instrumentalisiert werden. Das ist eine grosse Gefahr für die Menschenrechte. Amnesty International bezieht nie Position, ob sie für die eine oder andere Seite eines bewaffneten Konflikts ist. Wir denken, dass die Recherche und die Fakten für sich sprechen können, und diese Fakten geben wir an die Politik weiter. Aber wir sind schon in Sorge, dass eben Menschenrechte instrumentalisiert werden, dass abgewogen wird: wann sind die Menschenrechte wichtig, wann sind sie weniger wichtig. Gestern fand eine Diskussion in Bonn statt, wo auch Mary Robinson - die Hochkommissarin für Menschenrechte - anwesend war: Sie hat das gleiche gesagt: Menschenrechte werden sehr oft ritualisiert, sie werden benutzt - von westlichen Staaten, die sich ja dem Erbe der Menschenrechte mehr verhaftet fühlen - und eingesetzt. Und sie werden abgewehrt von Staaten - die Wortführerschaft haben da oft asiatische Regierungen -, die sagen, sie seien für sie nicht gültig, weil sie eine westliche Tradition hätten.

All dem kann ich als Vertreterin einer Nichtregierungs-Organisation nur entgegnen: Wir dürfen uns nicht in solch ein politisches Geschachere einmischen. Es geht immer um den Menschen. Und wenn Sie sich die Argumentation von einem asiatischen Machthaber genau anschauen, der sagt: „das sind asiatische Werte, dass ich meine Bevölkerung unterdrücke", dann ist das einfach falsch. Es ist auch falsch, zu sagen, in Afrika würde das Menschenrechtskonzept nicht greifen, weil die Menschen noch nicht so weit entwickelt seien und noch nicht die Zivilisation verstanden hätten. Die Gefahr der Menschenrechtsdiskussion wollte ich damit umreissen: Jeder kann sie benützen, und das kann sehr gefährlich sein.

Ich stimme Frau v. Pilar zu, dass im Falle von Ruanda sehr viel Information da war, dass sich eine Eskalation der Gewalt abzeichnete. Die Informationen standen der UNO in verschiedenen Gremien zur Verfügung, und selbst jetzt arbeitet die UNO daran, dass solch eine Situation vermieden werden kann. In den Medien nehmen wir sehr oft die Diskussion über Intervention in Form von „Ja" oder „Nein" wahr, das ist aber eine Verengung des Problems. Die UNO muss sich überlegen, wie sie die Menschenrechtsinstrumentarien, über die sie verfügt, effizienter zusammenbringen kann, um Handlungsoptionen erarbeiten zu können; wie sie Zwischenglied zwischen den NGO's werden kann, diese Handlungsoptionen aufbereitet und dann politischen Entscheidungsträgern anbietet, die dann vielleicht auch in einem Vorprozess vor dem Sicherheitsrat darüber diskutieren kann, was möglich ist. Das sind nicht ausgereifte Konzepte, aber sicher in der Tagesordnung der internationalen Diskussion, wenn es um die Frage geht: Was ist wichtiger, das Prinzip der nationalen Souveränität oder Menschenrechtsschutz? Das ist eine offene Frage, die wahrscheinlich nicht leicht zu beantworten ist.

Wir denken, dass die Akteure und die Opfer von Menschenrechtsverletzungen des Schutzes der internationalen Gemeinschaft bedürften. Wir müssen uns da in die nationale Politik einmischen - ich vertrete auch die deutsche Sektion -: Es geht nicht an, dass die Genfer Flüchtlingskonvention, die wirklich noch verbessert werden könnte, dass sie selbst in Zeiten, in denen keine „Flüchtlingsströme" vor unserer Tür stehen, wieder in Frage gestellt wird; und dass jetzt wieder von unserem Innenminister gesagt wird, das Recht auf Flüchtlingsschutz sei ein Gnadenakt, der der politischen Entscheidung wieder offen gestellt werden soll. Das darf nicht sein! Man darf nicht mit zweierlei Mass messen, wenn man den Menschenrechtsschutz einfordert. Es muss sichergestellt bleiben, dass die Verfolgten vielleicht Hilfe finden in ihren Traumatas und wieder zurückgehen können, wenn sie das wollen; aber sie können auch hier bleiben und dort eine kriegszerstörte Gesellschaft wieder aufbauen.

Die Preisträgerin hat in ihrer Rede sehr gut ausgeführt, dass Versöhnung und Gerechtigkeit nötig sind. Das kann wahrscheinlich nur jemand beurteilen, der diese Erlebnisse selbst hatte. Ich möchte folgendes auf allgemeinerer Ebene sagen: Es ist für Menschenrechtler sehr wichtig, dass die Täter von Menschenrechtsverletzungen genannt werden und dass sie zur Verantwortung gezogen werden. Mit dem Statut des Internationalen Strafgerichtshofs wurde 1998 in Rom ein grosser Durchbruch errungen. Das ist nur eine bestimmte Form, mit Straftätern umzugehen, aber wenn Sie es mit den gewählten Vertretern zu tun haben, dann ist auch solch eine Ebene sehr wichtig. Es bleibt die Frage offen, in welcher Form „vor Ort" mit den Tätern umzugehen ist. Sie muss beantwortet werden, damit die Menschen wieder zusammenleben können.

Frau Prof. Süssmuth sprach von der Rüstungsindustrie und von den Waffen. Es ist sehr positiv, dass die neue Regierung das Vorhaben diskutiert, Waffenexporte mit Menschenrechten in Verbindung zu setzen. Wir appellieren eindringlich, dass wirklich ernst genommen wird, keine Waffen zu liefern, die tatsächlich für Menschenrechtsverletzungen eingesetzt werden können.

Wir sind eine Menschenrechtsorganisation, die sich gegründet hat, um sich vor allem für die politischen und bürgerlichen Rechte, die Rechte des Individuums als Abwehrrechte gegen den Staat, einzusetzen. Wir können nicht mehr, als dies zu unterstreichen und zu fördern. Die Menschenrechte sind unteilbar. Die wirtschaftlichen, sozialen und kulturellen Menschenrechte sind gleichwertig, wie die individuellen Rechte und das Recht auf Entwicklung. Nur kann man auch sagen, dass die Menschenrechte auch universell gültig sind, denn sie sind für jeden Kulturkreis und für jede Lebenssituation wichtig.

v. l. Dr. von Wroblewsi, Y. Mukagasana, Prof. Hubel (verdeckt), Dr. von Pilar und Prof. Matthies

HELMUT HUBEL:

Sie haben einige wesentliche Punkte genannt: etwa, die Taten anzusprechen und die Täter zur Verantwortung zu ziehen; die Waffenexportpolitik; die Gefahr der Instrumentalisierung und das Problem der Verarbeitung dieser Aspekte in der Öffentlichkeit.

Der verantwortliche Umgang der Medien mit den Informationen erscheint mir als ein ganz wichtiger Punkt. Wie man das verbessern kann, ist eine wichtige Frage, die gerade die Hilfsorganisationen beschäftigt: Wie kann man sicherstellen, dass Meldungen in einer gebührenden Form, möglichst objektiv, frühzeitig und ohne Zensur zur Kenntnis gebracht werden?

Lassen Sie mich nun eine Frage an Kollegen Matthies richten: Was sind für Sie als Friedens- und Konfliktforscher aufgrund Ihrer Erfahrungen mit den Krisen auf dem afrikanischen Kontinent die wichtigsten Erkenntisse, Ursachen und Verlaufsformen, über diese Probleme? Wie kann man mit den Problemen der Vorbeugung umgehen?

VOLKER MATTHIES:
Die Medien sind für das Verständnis und die Wahrnehmung dessen, was an Konfliktgeschehen in Afrika stattfindet, sehr wichtig. Die Medien haben leider in der Berichterstattung über die afrikanischen Konflikte eine eher negative Rolle gespielt. Sie verbreiten nämlich weiterhin vorwiegend ein katastrophisches Afrika-Bild: Afrika wird als ein Kontinent der Krisen und Konflikte, der Kriege und Flüchtlinge dargestellt. Dies ist auch weithin berechtigt, weil die statistischen Daten über die Kriegshäufigkeit und auch die Fluchtbewegungen dies durchaus stützen. Aber es ist eben nur die halbe Wahrheit. Dieses chaotische Afrika-Bild bedarf einer regionalen Differenzierung. Es müsste viel mehr über Ausnahmen von der scheinbaren „Regel" der Krisenhaftigkeit und der Gewalt berichtet werden. Denn es gibt nicht nur schlechte Nachrichten über Afrika, sondern auch gute Nachrichten, etwa im Hinblick auf Demokratisierungsfortschritte, auf die Rolle der Zivilgesellschaft, auf ökonomische Teilerfolge und v.a. auch hinsichtlich wenig bekannter Erfolge bei der Kriegsbeendigung und Friedensstiftung. Ich plädiere für eine Differenzierung unseres Afrika-Bildes, wobei man sagen muss, dass der Völkermord in Ruanda das negative Bild vom „Chaos Afrika" leider dramatisch akzentuiert hat. Das war sehr ungünstig für unsere Wahrnehmung und die mediale Berichterstattung.

Afrika ist weltweit ein deutlicher Schwerpunkt des Kriegsgeschehens. Allein in den letzten Jahren haben wir mit 14 Kriegen in Afrika über 40 Prozent des weltweiten Kriegsaufkommens überhaupt zu verzeichnen. Afrika liegt insofern auch kriegstypologisch im weltweiten Trend, als die Mehrheit der kriegerischen Konflikte innerstaatlicher Natur sind. Sie sind Bürgerkriege und entsprechen nicht dem klassischen konventionellen Kriegsbild, das sich auf die militärische Auseinandersetzung zwischen Staaten bezieht. Wenn Sie nach den fundamentalen Ursachen fragen, ist es natürlich schwierig, diese auf einen gemeinsamen Nenner zu bringen. Wir müssen das Konfliktgeschehen in Afrika in einen historisch genetischen Kontext einordnen. Wir müssen auf das Erbe des Kolonialismus verweisen, das besonders in Afrika, stärker als in anderen Entwicklungsländern, prägend wirkt. Wir müssen verweisen auf die abhängige Einbeziehung afrikanischer Gesellschaften und Ökonomien in den kapitalistischen Weltmarkt, und wir müssen in Hinblick auf die 60er, 70er und 80er Jahre die Tatsache berücksichtigen, dass Afrika auf eine sehr unselige Weise in den globalen Ost-West-Konflikt mit seinen Stellvertreterkriegen und Waffenlieferungen mit einbezogen wurde. Das sind makropolitische Rahmenbedingungen des Konfliktgeschehens.

Schauen wir auf die Bestimmungsfaktoren kriegerischer Gewalt in Afrika selbst, dann sollten wir zunächst von einer verzerrten Wahrnehmung in der breiten Öffentlichkeit ausgehen. Da ist leider immer noch die Rede vom sogenannten Tribalismus, den „Stammeskämpfen", die als Universalerklärung zu dem Kriegsphänomen in Afrika immer wieder herangezogen werden. Etwas moderner ausgedrückt, wird von dem Phänomen der „ethnischen Differenz" oder der „Ethnizität" gesprochen. Es wird dabei meistens unterstellt oder assoziiert, dass diese Phänomene die tieferen Ursachen der Konflikte seien. Dies ist eindeutig zu bestreiten. Die Wissenschaft hat herausgearbeitet, dass ethnische Differenzen keine quasi natürlichen Erscheinungsformen sind; vielmehr handelt es sich überwiegend um soziale und politische Konstrukte. Wenn ethnisch-kulturelle Differenzen eine Rolle spielen, dann in dem Sinne, dass sie ganz bewusst systematisch, meistens von kleinen Herrschaftscliquen und Eliten, manipuliert, geschürt und politisch instrumentalisiert werden.

Dies ist auch ganz deutlich im Falle des Völkermordes in Ruanda zu beobachten. Denn hier handelt es sich um eine Massentötung, die über Jahre hinweg systematisch geplant worden ist. Das ist auch eine Besonderheit, die andere afrikanische Konflikte nicht in diesem Masse aufweisen. Wenn man es vereinfacht auf den Punkt bringen soll, was die unmittelbaren Ursachen der Konflikte sind, dann steht eigentlich hinter der Instrumentalisierung von ethnisch-kulturellen Differenzen immer das Problem von sozio-ökonomischen Verteilungskämpfen, Fragen von ungleicher Verteilung von ökonomischen Ressourcen, ungleiche Zugänge zu sozialen Diensten, ungleiche Beteiligung an der politischen Macht. Es geht um Macht- und Verteilungskämpfe, in Ruanda vor allem um Landressourcen. Das ist der substantielle realpolitische Hintergrund der Geschehnisse, und die Ethnizität ist eher das Gewand, die Form, in der sich die Konflikte dann ausdrücken.

Wichtige friedenspolitische Lehren, die man ziehen könnte und die über Afrika hinausschauend zu verallgemeinern wären, sind folgende drei Leitlinien: Da ist einmal die Notwendigkeit einer effektiven Präventionspolitik, und dies in zweierlei Hinsicht: Man muß sich erstens um eine langfristige „struktur- oder ursachenorientierte Prävention" bemühen. Das ist eine zentrale Aufgabe der entwicklungspolitischen Zusammenarbeit, aber auch allgemein der Aussenbeziehungen der entwickelten Welt zu Afrika. Da geht es um Fragen des Weltwirtschaftssystems und größerer Gerechtigkeit, um günstigere weltwirtschaftliche Rahmenbedingungen herzustellen. Als Stichwort nenne ich nur die anhaltende Verschuldung der afrikanischen Staaten. Ein anderes Stichwort sind Exportkontrollen im Hinblick auf Waffenlieferungen. Dann geht es zweitens - und das spielte ja im konkreten Fall Ruanda eine prominente Rolle - um das eher kurzfristige Bemühen der Hemmung und Verhinderung von akut anstehenden Gewaltausbrüchen, also um die sogenannte „operative Prävention".

Hier stellt sich das schon mehrfach erwähnte Problem der sogenannten Lücke zwischen „early warning" und „early action", also zwischen erfolgender Frühwarnung und ausbleibendem tatsächlichem präventivem Handeln. Diese Lücke gilt es zu erklären, und sie wird in der Regel erklärt mit dem Hinweis auf fehlende oder zu schwache nationale Interessen, v.a. der Grossmächte, der Sicherheitsratsmitglieder der Vereinten Nationen. Aber es hat auch zu tun mit der Frage, wie mit vorliegenden Informationen - und in vielen Fällen lagen sie ausreichend vor, etwa betreffend Ruanda und auch Kosovo - umgegangen wird: ob sie geglaubt werden oder wie sie interpretiert werden. Das ist ein wichtiger Punkt. Das zentrale Problem aber bleibt die Frage der Definition von Interessen, präventiv zu handeln oder nicht.

Im Falle Ruandas muss man darauf verweisen, dass es gerade zur Zeit dieser Krise andere Fälle gab, in denen z.T. sehr negative Erfahrungen gesammelt wurden. Es sei an das sog. Somalia-Syndrom erinnert, was ganz entscheidend eine Rolle gespielt hat bei der fehlenden Bereitschaft der amerikanischen Regierung, in Ruanda präventiv tätig zu werden.

Dann muss man natürlich auf die ambivalente Rolle Frankreichs verweisen, das durch geheimdienstliche, militärpolitische und allgemein diplomatische Aktivitäten in das Geschehen in Ruanda verstrickt war. Die Staaten der EU, einschliesslich Deutschlands, haben im Vorfeld der Ereignisse durch Entwicklungszusammenarbeit an einer indirekten Stabilisierung des späteren Völkermord-Regimes mitgewirkt. Hier war man auch nicht sensibel und kritisch genug gegenüber den erkennbaren Anzeichen der Gewalt. Man muss ferner darauf hinweisen, dass es auf Seiten der Vereinten Nationen eine Art Zweckoptimismus gab: In Angola war eine friedenspolitische Bemühung der VN, kurz vor der Zuspitzung der Situation in Ruanda, weitgehend gescheitert. Daher wollte man mit dem Vertrag von Arusha in Ruanda einen Erfolg demonstrieren. Es war also ein gewisser Zweckoptimismus vorhanden, der dazu führte, dass man gemeldete Warnzeichen nicht gern annehmen und akzeptieren wollte, und dass man sie nicht entsprechend behandelt und weitergeleitet hat. Das wäre die erste Lehre: die Prävention effektiver auszubauen.

In diesem Zusammenhang muss man daran erinnern, dass gerade der nicht verhütete Völkermord in Ruanda zu einem „Dynamo" der internationalen Präventionsdebatte geworden ist. Diese hat zwar ihren Vorläufer schon 1992 in der „Agenda für den Frieden", einem wichtigen Dokument der Vereinten Nationen, aber erst durch den Schock und das schlechte Gewissen der Staatenge-meinschaft betreffend den Fall Ruanda hat es eine Dynamisierung in der Frage der Prävention gegeben. Wir müssen aber immer wieder genau prüfen: Handelt es sich dabei eher um legitimatorische Lippenbekenntnisse der Politik oder steht ein tatsächlicher echter Wille dahinter, dieses Konzept auch operativ weiter zu entwickeln und um es anzuwenden? Leider muss man skeptisch bleiben, denn schon die Fälle Kosovo und Ost-Timor haben gezeigt, dass dies offensichtlich nicht oder noch nicht der Fall ist.

Eine zweite Lehre: Wir müssen sog. „Friedensprozesse von unten" fördern - gegenüber sog. „Friedensprozessen von oben", die auf der staatlichen Ebene ansetzen, auf der Ebene der Haupt- und Staatsaktionen, der Diplomaten, der Politiker, der sog. „Kriegsherren". Der Hintergrund ist, dass gerade Staatlichkeit, der Staat selber, in vielen afrikanischen Konflikten eine äusserst destruktive Rolle gespielt hat. Der Staat ist häufig die tiefste Ursache für Repression und Gewalt, und von daher ist konzeptionell eine Schieflage gegeben, wenn man sich ausschliesslich oder überwiegend auf Friedensprozesse auf der staatlichen Ebene stützen will. Das ist eine wichtige Erfahrung, gerade aus afrikanischen Kriegsbeendigungen und Friedensprozessen. Man muss komplementär auch einen Friedensprozess von unten fördern, der an Strukturen der Zivilgesellschaft ansetzt. Hier haben gerade die NGO's eine sehr wichtige Rolle zu spielen. Denn es kommt darauf an, den Friedensprozess in der Gesellschaft, in den Menschen zu verankern. Das gelingt nur dann, wenn die Menschen an diesem Prozess aktiv beteiligt werden; wenn sie ein Interesse am Frieden gewinnen; wenn deutlich wird, dass der Friede wichtiger ist als der Krieg und dass der Friede sich mehr lohnt als der Krieg. Es kommt darauf an, sog. „Friedensallianzen" zu fördern, zu formieren, und „Friedensinseln" zu schaffen, die man als Gegengewicht zu Kriegszonen und zu Kreisen von politischen und sozialen Organisationen, die ein Interesse an Kriegen haben, immer stärker vernetzt und ausbaut.

Als dritte Lehre würde ich nennen, dass es einer nachhaltigen und dauerhaften Unterstützung von Friedenskonsolidierungsprozessen nach dem Ende von Kriegen bedarf. Da darf man nicht kurzatmig sein, und sich nicht nur in einer knappen Aufmerksamkeitsphase um die Probleme des Wiederaufbaus, der Ver-söhnung, der sozialen Rehabilitation, der Bearbeitung von Traumata und der politischen Neukonstruktion kümmern. Vielmehr muss man hier einen langen Atem haben, denn diese Kriege, die ja oft viele Jahre dauern, hinterlassen weitflächig kriegsgeschädigte und traumatisierte Gesellschaften. Es darf nicht sein, dass die Staatengemeinschaft - wenn sie schon auf dem Gebiet der Prävention versagt hat - nach dem Ende von Kriegen diese Gesellschaften sich rasch wieder selbst überlässt, und sich nicht einmal ihrer Verantwortung im Nachhinein stellt.

HELMUT HUBEL:

Ich möchte nur einen Punkt kurz betonen: Es sind nicht die ethnischen Unterschiede per se, sondern es ist die Art, wie politische Führung mit Unterschieden umgeht; das Problem erscheint mir die Instrumentalisierung von Unterschieden. Das ist ein wichtiger Faktor, der auch in der Medienbeobachtung vielleicht stärker zu berücksichtigen wäre. Ihre drei Lehren, Herr Matthies, sind sehr wichtig: Präventionspolitik, Friedensprozesse von unten und dann auch das Begleiten, also die Konsolidierung des Wiederaufbaus. All dies sind Forderungen, die gegen Kurzatmigkeit und stattdessen auf Ausdauer, auf intensives Engagement hinzielen. Die Frage bleibt: Wie mobilisiert man ein lang anhaltendes Engagement, wenn an anderen Stellen auch die Dinge „brennen"?

FRAGE AUS DEM PUBLIKUM:

Ich habe in Deutschland studiert. Ich danke Frau Mukagasana. Sie hat eine gute Initiative entwickelt, und ich kenne Frau Mukagasana. Wir haben uns in Berlin kennengelernt. Ich habe ihr versprochen, dass wir gemeinsam das ruandische Volk irgendwie versöhnen werden. Wir haben auch eine Organisation, und die Zusammenarbeit ist eigentlich kein Problem, irgendwann einmal kann das ruandische Volk in Frieden leben. Aber eine kleine Bemerkung will ich machen: Frau Mukagasana hat von Massakern von 1963, 1967, 1973, 1990 und von 1994 gesprochen; aber vom Massaker, das jetzt passiert, hat sie nicht gesprochen. Ich bin selbst ein ruandischer Bürger. Ich war 1990 in Ruanda im Tourismus tätig. Ich habe miterlebt, als die FPE Ruanda angegriffen hat und Menschen massakriert worden sind. Ich habe mich intensiv mit der Situation beschäftigt, viele Berichte gelesen, weil Ruanda mein Land ist. Jetzt gibt es auch irgendwie einen Völkermord, und die jetzige Regierung ist dafür verantwortlich. Sie haben gehört, was im Kongo passiert ist, und jetzt passiert so etwas wieder. Frau Mukagasana sollte auch von dem Massaker 1990 und von dem sprechen, was jetzt passiert.

YOLANDE MUKAGASANA:

Es ist wahr, wir haben uns in Berlin getroffen und ich erinnere mich, dass ich damals eine Bemerkung über Ihre Aggressivität mir gegenüber gemacht habe. Und ich sagte Ihnen damals, wenn wir eine Lösung für unser Land finden wollen, brauchen wir einen Runden Tisch, und wir müssen ruhig bleiben. Sie sagten mir damals, Sie wollten mir Dokumente übergeben, aus denen hervorgeht, dass man an diesem Tage 10 000 Gefangene an die Front nach Kongo geschickt habe. Ich will nur damit zeigen, dass ich mich ganz genau an Sie erinnere. Ich habe Ihnen meine Visitenkarte gegeben, Sie haben mir Ihre Adresse nicht geben wollen. Ich habe den August und Oktober in Ruanda verbracht, und ich bin durch ganz Ruanda gekommen und habe keine Massaker gesehen. Sie als Bürger Ruandas, der kein Augenzeuge der Realität Ihres Landes sind, gehören zu den Leuten, die keinen Frieden bei uns wollen. Man muss nach Ruanda gehen, die Dinge sehen. Wenn Sie 1994 weggegangen sind, wie wollen Sie wissen, was nach dem Genozid passiert ist? Ich war in diesem Jahr vier Mal in Ruanda und habe dort keine Massaker gesehen. Vielleicht liegt es daran, dass ich nicht Regierungsvertreter und Militärs treffen will. Ich erinnere mich, ich hatte Ihnen gesagt, ich vertrete nicht die ruandische Regierung, und Sie hatten mir gesagt, Sie sind der Freund des Botschafters. Er ist heute hier, er kann die Situation erklären.

HELMUT HUBEL:
Ich schlage vor, dass Sie diese Kontroverse im Anschluss an diese Veranstaltung weiter klären. Dieser Meinungsaustausch hat gezeigt, dass der Konflikt nicht zu Ende ist, dass das Problem der Aufarbeitung weiter dringlich ist. Insofern war diese Veranstaltung auch wichtig, um auf diese Problematik hinzuweisen.
Es ist deutlich geworden, dass sowohl die politischen Institutionen als auch die Nichtregierungs-Organisationen, die mit dieser Problematik befasst sind, beteiligt sein müssen. Die Frage, wie hier eine bessere Abstimmung erfolgt, ist eines der wichtigen Probleme, die gerade uns betreffen. Es ist deutlich geworden, welche Bedeutung die Medien im Umgang mit diesen Fragen haben, auch in der Art der Berichterstattung. Es ist deutlich geworden, wie der Faktor Zeit manchmal entscheidend sein kann. Das rechtzeitige Reagieren ist ein Schlüsselproblem, gerade im Bereich des politischen Handelns. Wir haben die Dilemmata angesprochen, wenn gleichzeitig mehrere Krisen stattfinden, wie rechtzeitig eine angemessene Reaktion erfolgen kann. Viel mehr, so denke ich, konnte man in dieser begrenzten Zeit nicht leisten.
Ich möchte mich bei allen Teilnehmern sehr herzlich bedanken. Lassen Sie mich schliessen mit der Hoffnung, dass diese Veranstaltung dazu beitragen möge, das Bewusstsein der Problematik von Bürgerkrieg und Vertreibung zu stärken und zu schärfen. Vielleicht haben insbesondere die Gäste - die teilweise von weither gekommen sind - erlebt, dass es uns in einem der „neuen Bundesländer" nicht nur um die eigenen Aufgaben geht, sondern dass wir uns auch mit ferneren Problemen - „hinten, weit" nicht nur in der Türkei, sondern darüber hinaus - befassen, und versuchen, das in unsere Arbeit einzubringen.

Guerre civile et expulsion

Table ronde

HELMUT HUBEL:
Dans les années 90, le thème «Guerre civile et expulsion» était au cœur de l'actualité en Europe. Sur notre continent, à la fin du conflit est-ouest, chacun avait l'impression que l'on pouvait enfin respirer : on pouvait, semblait-il, espérer la paix à l'échelle mondiale. Une impression que venaient renforcer ces événements stupéfiants, extraordinaires qui modifiaient l'Europe - la plupart du temps de façon pacifique: des événements que nous avons commémorés il y a quelques jours à l'occasion du dixième anniversaire de la chute du mur de Berlin. Pour nous, Européens, le réveil a été brutal: la violence explosa soudainement, se répandant comme une traînée de poudre dans de multiples foyers de crise, que ce soit dans l'ancienne Yougoslavie (Bosnie-Herzégovine, Kosovo), au sud de l'ancienne Union soviétique (à Nagornyj Karabach ou en Tchétchénie - comme c'est encore le cas actuellement), en Asie du sud-est (Timor-Oriental), ou - justement - en Afrique (Somalie, Sierra Leone, Rwanda ou Burundi). Les statistiques ne permettent guère de conclure que les conflits locaux aient augmenté au cours des années 90. En revanche, il est hors de doute, au plan international, que tous ces cas de déchaînement de violence, ainsi que les violations des droits de l'homme qui en sont la conséquence, se trouvent de plus en plus dans le collimateur. Phénomène particulièrement navrant, les violations systématiques des droits de l'homme - telles que la violence contre des groupes ethniques entiers - ont été promues entre-temps au rang d'instruments de guerre au sein même des états.
Chez nous comme ailleurs, un certain nombre de facteurs ont attiré l'attention sur le thème «Guerre civile et expulsion». Je n'en évoquerai que trois.
Le premier de ces facteurs découle du fait que le conflit mondial entre l'ouest et l'est est maintenant terminé. Le temps n'est plus de l'armement à outrance. Désormais, dans la plus grande partie de l'Europe, les politiques et les institutions concentrent leurs efforts sur la transformation pacifique de la société. Concernant ce travail de reconstruction, les Européens ont été surtout perturbés par le tragique délabrement et le démembrement de la Yougoslavie ; nous avons assisté, en Bosnie-Herzégovine et au Kosovo, à tous les excès auxquels mène la violence, et nous avons vu de près la souffrance de leurs habitants. Malgré tout, la perspective de l'unification pacifique de notre continent, réalisée dans le respect de la liberté, a toujours sa raison d'être. Le contraste entre cet espoir vivace et le déséquilibre qui en découle nous ramène sans cesse à ce thème devenu leitmotiv:

«Guerre civile et expulsion».

Le deuxième facteur est constitué par les conséquences en Europe des guerres civiles qui sévissent d'un bout du monde à l'autre, en particulier par les problèmes posés par les centaines de milliers de réfugiés et de demandeurs d'asile. Ainsi, l'Allemagne, par exemple, face aux nouveaux défis dramatiques qui se font jour à ce niveau et qui retentissent jusque dans sa politique intérieure, s'est vue contrainte de resserrer de façon drastique sa politique en matière d'accueil des réfugiés, ce qui, comme l'on sait, a donné lieu chez nous à des débats particulièrement houleux.

Le troisième facteur a trait quant à lui aux médias.

À l'ère de la mondialisation, les satellites et les réseaux de communication les plus divers, les interactions économiques et les transactions financières confèrent aux médias un rôle sans cesse grandissant. La télévision et Internet diffusent dans l'heure qui suit les images et les reportages relatifs aux souffrances des hommes pris dans les foyers de crise : les «zones de paix» que sont les états industrialisés en sont donc immédiatement informées. Dans le contexte des relations internationales, il faut se garder de minimiser l'importance du facteur «CNN». Les images de la souffrance humaine - quel que soit l'endroit dont elles proviennent - sont de nature à bouleverser les foules. Les médias sont aptes à présenter les crises comme des événements qui contraignent les responsables politiques à agir. Je dis bien qu'ils sont aptes à le faire, ce qui ne signifie pas qu'ils y parviennent: les politiques ne s'estiment contraints d'agir qu'en certaines circonstances; très souvent, ils ne font rien. On pourrait presque affirmer que ce sont les médias qui transforment chez nous en une véritable crise un événement «critique» ou «sensible» se produisant en un quelconque endroit du monde. Ou qui, inversement, ne procèdent pas à cette transformation. Comment ne pas penser aux paroles ironiques de Goethe - dans Faust : «Si là-bas en Turquie les peuples se massacrent mutuellement, on finit de boire son petit verre de schnaps en bénissant les temps de paix dans lesquels nous vivons.»? On constate, dans tous les cas de figure, que ces paroles n'ont plus cours.

Il ne nous sera pas possible, dans le temps qui nous est imparti, d'aborder à fond tous les aspects de la question. Estimons-nous tout de même heureux d'avoir à nos côtés des experts avertis, riches d'expériences spécifiques et, partant, capables d'apporter leurs lumières pour élucider certains de ces problèmes. Une large diversité d'expertises, puisque la lauréate de notre prix a été l'une des premières victimes de la guerre civile et de l'expulsion. Le professeur Rita Süssmuth est, quant à elle, l'une des avocates politiques les plus connues en matière de défense des droits de l'homme et, plus particulièrement, des intérêts des femmes. Nous avons en Madame von Pilar une représentante d'une organisation humanitaire qui s'efforce d'intervenir, dans des situations de crise, pour soulager les souffrances humaines. Madame Lochbihler, ici présente, parlera au nom d'une organisation de défense des droits de l'homme agissant au plan international: elle s'occupe plus précisément de victimes de la violence politique et d'autres violations des droits de l'homme. Enfin, le professeur Matthies, en tant que spécialiste des sciences politiques, pourra nous éclairer sur les causes structurelles des crises, plus particulièrement en Afrique; peut-être pourra-t-il même nous suggérer quelques pistes susceptibles d'induire des solutions pacifiques.

J'aimerais maintenant poser une question à chacun des participants en lui demandant d'y répondre de façon à relancer le débat.
Je m'adresserai tout d'abord à Madame Mukagasana.
Quels ont été, selon vous, les motifs décisifs qui ont fait chavirer votre pays dans la violence? Quelles sont à votre avis les principales leçons que l'on peut en tire?

YOLANDE MUKAGASANA:
Si je parle du silence manifesté à l'égard du peuple rwandais, il ne s'agit que d'un bref résumé. Car l'histoire du génocide de notre peuple concerne tant la population du Rwanda que celle du monde - en particulier celle de l'Europe.
Certains répugnent à parler de génocide, du meurtre de tout un peuple: ils préfèrent parler de guerre ethnique ou de guerre civile; ils vont parfois jusqu'à utiliser d'autres mots qui sont une véritable offense, un manque de respect pur et simple à l'égard de ce qui s'est vraiment passé. Mais puisqu'il faut que je parle de ces événements, je le ferai: à l'âge de cinq ans, j'ai appris que j'étais une Tutsi lorsqu'une lance m'a traversé la cuisse et l'a brisée; en fait, c'est mon père qui était visé, mais comme on ne l'a pas trouvé, on s'en est pris à moi. La carte d'identité ethnique, que nous possédions tous et qui était pour nous un document de base important, avait été introduite en 1933 par la puissance coloniale belge. Au Rwanda, les premiers massacres contre les Tutsis se déroulèrent en 1959, au vu et au su du monde entier. Les personnes qui commirent ces atrocités n'ont jamais été punies. En 1963, 8000 personnes furent assassinées: l'ONU n'a jamais voulu le reconnaître.
En 1967, Gregor, dont je vous ai montré la photo, a été jeté en prison. Cela explique que nous ne fassions plus guère confiance aux organisations internationales: elles nous ont trop déçus.
Pour autant que je sache, votre constitution n'autorise pas les coups d'état. Chez nous, en 1973, un président en a assassiné un autre et s'est emparé du pouvoir. Il a été reconnu et accueilli à bras ouverts par tous les autres chefs d'état et tous les autres gouvernements. J'ai grandi en tant que victime. Et les enfants hutus furent

élevés en tant qu'enfants meurtriers de par l'histoire même que nous avions vécue. Ce n'est donc pas en 1994 qu'il faut rechercher les causes du génocide. Lorsque le Front patriotique a attaqué le Rwanda, la France, la Belgique et d'autres pays nous ont envoyé des soldats qui ont combattu alors qu'ils savaient parfaitement que les Rwandais menaient une guerre fratricide. Le Rwanda est l'un des deux pays les plus pauvres de la terre. Plus de la moitié de la population est analphabète. On s'est servi d'une station de radio pour propager la haine, et certains habitants d'Europe occidentale tenaient des actions dans cette station. Où donc voulez-vous chercher les raisons de ce génocide? Datent-elles d'hier, ou de 1933, lorsque cette carte d'identité a été introduite, une carte qui établissait une différence entre les Tutsis et les Hutus - avec toutes les conséquences qu'elle a entraînées. C'est donc à moi de vous retourner la question.

HELMUT HUBEL:

Nous venons d'entendre énumérer toute une série de facteurs : la différenciation ethnique, l'héritage de la politique coloniale, les luttes ethniques toujours recommencées qui se sont poursuivies sans interruption, l'ignorance du monde - organisations internationales comprises - la ratification d'un coup d'état et, pour finir, la situation sociale et politique d'un pays en voie de développement, en un mot, la pauvreté. Nous pourrons peut-être revenir sur ces facteurs dans la suite du débat.

Je souhaiterais maintenant poser une question à Madame Süssmuth:
Vous avez, dans votre hommage, insisté sur le rôle des femmes dans le contexte des guerres civiles. Pourriez-vous nous donner des détails supplémentaires? Quelles sont, à votre sens, les menaces qui pèsent sur le monde et les tâches particulières qui l'attendent, ainsi que les politiques de terrain, pour apprendre à mieux gérer les problèmes de la condition féminine et, si possible, à l'améliorer? Peut-on parler d'enseignements d'ordre général dont vous pourriez nous faire profiter?

RITA SÜSSMUTH:

Je n'irai pas jusque là. En premier lieu, les violations des droits de l'homme concernent bien entendu autant les hommes que les femmes. Mais l'expérience prouve que les violations des droits de l'homme résultent toujours de l'inégalité des êtres humains, du fait qu'on les considère de façon différente. L'inégalité est en quelque sorte élevée au rang d'idéologie. Tous les êtres humains ne sont pas considérés de la même manière: certains sont considérés un peu plus humains que d'autres. Dans la plupart des cultures, l'histoire des femmes à travers les différentes civilisations montre que leur valeur en tant qu'êtres humains est inférieure à celle des hommes. On pourrait citer à l'infini des exemples accablants.

En second lieu, à l'heure actuelle, la plupart des victimes des guerres et de l'expulsion sont des civils, surtout des femmes, des enfants, des personnes agés, des malades et des handicapés. Enfin, il convient de souligner que les instruments de guerre - je viens de parler des viols massifs - sont utilisés massivement contre les femmes et qu'en matière de droit international, les viols ne sont toujours pas placés sur le même plan que les autres crimes. Le viol ne donne pas le droit d'asile. La maniére dont est poursuivi le viol n'est pas efficace du tout: il y a là tout simplement une lâcheté inexcusable.

Dans tous les cas de figure, les méthodes auxquelles on fait appel pour propager la haine touche de la même manière les hommes et les femmes. Il ne sert à rien de proclamer qu'à la longue les femmes présentent plus de résistance. Par contre, ce sont elles qui, par la suite, entreprennent des travaux de longue haleine pour rebâtir sur les ruines. Cette constatation s'applique aux guerres européennes: il n'est, pour s'en convaincre, que de lire la littérature qui leur a été consacrée pendant et après les guerres. Ce sont d'ailleurs également les femmes proscrites, exilées, réfugiées, qui, du fond de leur désespoir, ont mission de rendre l'espoir. Je pense que les méthodes utilisées jusqu'à maintenant pour éviter les conflits sont déterminées dans une large mesure par les anciens modèles périmés selon lesquels il serait impossible d'éradiquer la violence: au plan de la civilisation, un mode de pensée typiquement masculin.

Si nous prenons l'exemple du Kosovo, le conflit n'a pas surgi du jour au lendemain, pas plus d'ailleurs que le génocide du Rwanda: ses origines remontent loin dans l'histoire. Alors que le conflit du Kosovo est antérieur à la genèse de la Bosnie et de l'Herzégovine, pendant dix ans, nous avons fait semblant de croire qu'il se réglerait tout seul. Au double plan politique et financier, la prévention bénéficie d'une considération infiniment moindre que l'intervention militaire. Sans compter le fait que le droit d'intervention, s'il n'est pas contesté en matière de droit des peuples, fait l'objet de vives dissensions au plan politique. Une situation due - comme on l'a constaté tout d'abord au Kosovo - à l'absence d'un mandat de l'ONU.

Lors du dernier conflit tchétchène, le comportement de la Russie a fait resurgir la question de savoir ce qu'il convient d'entendre par «politique intérieure» et ce qui autorise à intervenir. Nonobstant toutes les critiques adressées à l'ONU, je vois là un nouveau pas dans la direction de la violation des droits de l'homme: il eût fallu en effet qu'à l'univocité des constatations correspondît la mise à disposition des moyens. Or, l'ONU manque cruellement de moyens, tant militaires que civils - qui permettraient de maintenir la paix. S'agissant du Rwanda ou d'autres pays africains ou non africains, elle manque surtout de ces moyens qui lui permettraient d'alléger les souffrances. Si la pauvreté subsiste, au point même de devenir pour les femmes un fardeau trop lourd à porter, on pourra, tant que l'on voudra, prêcher la réconciliation: cela restera un vœu pieux.

Je voudrais pourtant faire maintenant une remarque encourageante. Concernant nombre de leurs tâches, qu'elles se rapportent à la population mondiale, à la lutte contre la pauvreté ou à la prévention, les organisations mondiales et régionales constatent que le mode d'approche, la sauvegarde et les solutions requièrent le concours des femmes. Cette réflexion s'applique à des domaines extrêmement divers: hygiène sexuelle, contrôle des naissances, traduction de projets de grande envergure en termes de projets plus nombreux de moindre envergure, exploitation de l'eau, régénération des sols, instruction et santé. Nous avons fait cette même constatation dans le domaine qui, après le Kosovo, ne serait-ce que sous forme de prémisses, a suscité en Allemagne un regain d'intérêt pour la médiation, donc lorsqu'il s'agissait d'apporter à des conflits des réponses que les instruments conventionnels n'étaient pas en mesure de fournir. L'échec du Rwanda s'explique également par l'absence de telles propositions de médiation, donc par l'absence de telles réponses.

J'ai fait, en matière de prévention des crises, une autre constatation: certes, nous affirmons à qui veut l'entendre que nous pensons et agissons dans un contexte mondial. Mais les controverses qui se sont élevées en Allemagne au sujet du Timor-Oriental prouvent que, si nous soutenons cette théorie dans le cadre de conflits européens qui se déroulent près de chez nous, dès qu'il s'agit de conflits qui se déroulent hors de l'Europe, nous avons du mal à adopter une approche identique. Dans de telles constellations, c'est toujours la même question lancinante: les forces que l'on envoie sur un autre continent - donc les victimes potentielles - doivent-elles être allemandes, belges ou françaises?

HELMUT HUBEL:

Nous venons d'approfondir certains aspects du problème, en particulier les questions qui touchent à la politique de développement et l'ensemble du domaine de la prévention. Il s'agit là d'un thème qu'il conviendrait d'examiner de plus près. Comment peut-on, en amont, pallier au plus vite les crises qui sont en train de se faire jour? Quelles sont les possibilités dont nous disposons, quelles sont, en particulier, les possibilités offertes par certaines organisations?

C'est donc à Madame von Pilar que j'adresserai la question suivante: Quelles sont, selon vous, les principales leçons à tirer de guerres civiles comme celle du Rwanda? Que peut-on faire en amont en matière de prévention? Comment pourrait-on améliorer la façon de faire actuelle?

ULRIKE VON PILAR:

Pour tenter de répondre à cette question, je vais m'efforcer de l'aborder sous l'angle d'une organisation d'aide humanitaire, donc d'une organisation dont la tâche consiste au premier chef à se soucier des conséquences de tels conflits et de telles crises. Concernant le Rwanda, la première observation qui me vienne à l'esprit est que, de toute évidence, à une époque où le monde se targue de penser dans un contexte de mondialisation, il est tout de même possible qu'un génocide se produise, que nous en regardions les images à la télévision en prenant notre repas du soir - et que nous ne lui accordions pas la moindre attention. Bien au contraire, puisque les forces de l'ONU qui étaient sur place ont été rappelées. Au cours de ces dernières années, je n'ai cessé de me demander comment il était possible que cela soit aussi arrivé justement en Allemagne. Dans les années qui ont suivi le génocide - Monsieur Kinkel fut l'un des premiers ministres à se rendre officiellement au Rwanda, près d'un an et demi après la fin des massacres -, une phrase revenait sans arrêt: «Nous, les Allemands, nous vous comprenons, vous les Rwandais, nous avons vécu nous aussi un génocide.» Les Allemands ont donc fait un tour de passe-passe dans le temps: le comble de l'hypocrisie. C'est pourquoi je me demande - et je demande à mes collègues: «Qu'en pensez-vous? Si la même chose se reproduisait maintenant, cinq ans plus tard, est-ce que nous réagirions autrement?» Bien sûr, la question ne concerne pas un pays aussi proche que le Kosovo: elle a trait à un pays d'Afrique centrale relativement peu connu. Et cela a fini par se reproduire. À l'exception, peut-être, de cette journée exceptionnelle que nous passons ensemble, j'ai l'impression que le génocide du Rwanda et ses conséquences sont tombés dans un oubli qui m'effraye. Je trouve que la plupart d'entre nous l'ont rayé beaucoup trop vite de leur mémoire.

Quant à la seconde leçon qu'il conviendrait, à mon sens, de tirer de ces événements - je parle maintenant plus particulièrement en notre nom, en tant qu'organisation humanitaire, une organisation humanitaire qui est intervenue sur le terrain, pendant tout le génocide et, bien sûr, par la suite, la seule organisation qui ait essayé, avec le CICR, de rester sur place -, cette leçon, disais-je, tient en quelques mots: l'aide humanitaire ne peut pas mettre fin à un génocide. Ce que nous avons déploré pendant tout le génocide et par la suite, ce que nous n'avons cessé de clouer au pilori, c'est justement le fait qu'il n'y ait pas eu la moindre intervention; au contraire, à l'exception de quelques unités réglementaires, les forces de protection présentes ont été rappelées. Lorsque l'ancien régime fut chassé par le nouveau, plusieurs millions de personnes se retrouvèrent sur les routes et accoururent en foule dans les pays voisins: l'afflux de ces personnes déplacées se traduisit par une catastrophe dans la Tanzanie voisine - et surtout au Zaïre. Le nom de Goma vous rappellera sûrement quelque chose... Le choléra se déclara.

Mais, d'un seul coup, on n'avait plus affaire qu'à des réfugiés, victimes et meurtriers confondus. Inutile donc, désormais, d'entamer une action politique. Enfin, on allait pouvoir lancer des opérations d'aide humanitaire; et il arrive que l'on ne puisse s'empêcher de penser que nos gouvernements les préfèrent de loin aux interventions politiques. Brusquement, tout le monde est revenu. Comme Rony Brauman l'a écrit dans son livre «Devant le mal. Rwanda: un génocide en direct.», on a assisté à un gigantesque spectacle humanitaire: en aidant les personnes déplacées, tous voulaient se donner bonne conscience et faire oublier leur silence, leur absence et leur inaction pendant le génocide.

Au cours de ces années, pour une organisation comme la nôtre, une vérité capitale a émergé: face à des problèmes comme le génocide, les conflits, l'exode et l'expulsion, l'aide humanitaire apparaît comme quelque chose de bien modeste. Elle permet seulement de contribuer à la survie au cours des crise aiguës. Et même cela, c'est bien souvent la croix et la bannière. Pourtant, c'est tout ce que l'aide humanitaire est en mesure d'apporter. Elle n'est pas à même de dire pourquoi ni comment naissent les conflits: cela n'entre pas dans ses compétences. En un mot comme en cent, l'aide humanitaire n'est en aucune façon un instrument qui pourrait servir à résoudre les conflits. En tant qu'organisation humanitaire, nous devons transmettre cette question aux gouvernements responsables, y compris l'ONU.

Les conflits de ce genre - aussi bien ceux du Kosovo que ceux du Timor - ont des origines politico-sociales: ils n'ont jamais de racines humanitaires, seules les conséquences sont de nature humanitaire.

Il convient donc, dans ce contexte, de réagir au plan politique. En dernière analyse, l'aide humanitaire n'est qu'un cataplasme qui se révèle parfois difficile à appliquer. Jusqu'aux premiers jours du génocide - vraisemblablement à l'exception de l'Albanie -, le Rwanda était le pays où, proportionnellement au nombre d'habitants, on trouvait la plus grande concentration d'organisations d'assistance: en l'occurrence, il s'agissait surtout d'organisations d'aide aux pays en voie de développement. Je crois qu'il y en avait 130. Pour un pays qui est plus petit que la Thuringe, c'était tout de même un chiffre respectable. J'ai parlé à plusieurs représentants de ces organisations, entre autres à un délégué du Land de Rhénanie-Palatinat qui entretenait depuis longtemps des relations de partenariat avec le Rwanda. Je lui ai demandé: «Étiez-vous au courant, le génocide a-t-il été précédé de signes annonciateurs?» Toutes les organisations avaient senti des tensions. Mais ce qui m'a profondément choquée, c'est le fait que nombre de ces organisations s'enorgueillissaient d'être très proches de ces hommes, très proches de la population civile de leur pays d'accueil. Dans le cas du Rwanda, cela s'est limité à la chaleur écrasante et à beaucoup d'illusions. Personne n'a vraiment su ce qui se tramait dans le pays. Par contre, nos gouvernements étaient, eux, au courant. Entre-temps, toute une série de témoignages a été publiée à ce sujet. Le plus célèbre est probablement celui qui a été fourni par Roméo Dallaire, chef canadien des Casques bleus au Rwanda. Dans un compte rendu bouleversant, il a relaté la façon dont il a essayé, des mois durant, d'alarmer son gouvernement, son ambassade, l'ONU et de nombreuses autres organisations. Il réalisait pleinement que ce qu'il voyait au Rwanda présageait un génocide. Personne n'a voulu l'écouter.

J'ai eu, sur un autre plan, une discussion avec Madame Schwätzer, membre du Bundestag. Elle m'a confirmé qu'à son avis, les membres de la Commission du Bundestag préposée aux droits de l'homme et à l'aide humanitaire disposaient en 1994 des principales informations concernant le déroulement d'un génocide. Une bonne partie de ces informations émanaient d'organisations humanitaires. Une situation inconfortable où Jean-qui-pleure et Jean-qui-rit déclarent tout de go: «Les ONG? Nous ne les avons pas cru, purement et simplement.» Des avertissements sont également arrivés de Grande-Bretagne. Peut-être ne sont-ils pas parvenus au Bundestag, je ne sais pas exactement ce qui s'est passé. Toujours est-il qu'en fin de compte, les membres de la Commission du Bundestag sont ceux qui auraient dû réagir. Comme beaucoup d'autres personnes qui auraient dû prendre position, ils n'ont pas réagi. La leçon est claire: de toute évidence, de l'aveu même de certains responsables politiques, on disposait à l'époque de toutes les informations nécessaires pour tirer les conclusions qui s'imposaient.

Permettez-moi de vous rappeler qu'aux termes de la Convention pour la prévention et la répression du crime de génocide, tout gouvernement est tenu d'intervenir dès la constatation d'un génocide. Dès le mois de mai 1994, six semaines après le début des massacres et six semaines avant leur fin, le mot «génocide» figurait dans un rapport de l'ONU: il a été étouffé. Mais les informations étaient donc bel et bien à la disposition de tout un chacun. Ce qui a manqué, c'est la volonté de passer aux actes.

Loin de moi la pensée de faire comme si j'appartenais à une ONG au-dessus de tout soupçon, une ONG qui serait toujours au courant de tout et qui aurait toujours agi de façon irréprochable. Il m'arrive de penser, comme Yolande l'a dit aujourd'hui: «Dieu merci, je ne suis pas une politicienne.» Mon travail me pose déjà suffisamment de problèmes, mais ceux auxquels sont confrontées les politiciennes sont encore plus graves. La question reste pourtant posée de savoir - puisque l'on parle de plus en plus de prévention, même si l'on n'en parle pas toujours très bien - ce que pourraient faire les organisations humanitaires. En fait, je pense qu'elles ne peuvent pas faire grand-chose, en tout cas qu'elles ne peuvent pas faire tout ce que l'on attend d'elles. Etant donné que, dans un cas de génocide, bien que toutes les informations nécessaires aient été fournies, rien n'a été fait, je me demande même si nous sommes en présence d'une volonté sincère de mener à bien une politique de prévention.

HELMUT HUBEL:

La question clé vient d'être posée: comment doivent réagir une administration étatique, un parlement ou toute autre instance analogue, lorsqu'on leur transmet des informations capitales? Comment sont traitées ces informations? Dans quelles conditions ces informations amènent-elles les gouvernements à agir concrètement? Peut-être serait-il plus honnête de reconnaître que le Rwanda n'a pas été un cas isolé. Si nous considérons les différents foyers de crise qui ont surgi au cours des années 1994-1995, force est de constater que des événements analogues se déroulaient simultanément en différents points du globe. On pourrait, dans ce contexte, citer plusieurs exemples. De notre point de vue européen, la Bosnie-Herzégovine était le plus important. Mais il n'était pas le seul. Cela nous amène, me semble-t-il, à réfléchir nous aussi au dilemme qui se pose à tous ceux sur lesquels repose la prise d'une décision idoine, à tous ceux, donc, qui auront mission de passer à l'action.

Peut-être faudrait-il prendre en compte le fait que - justement dans les pays démocratiques - les gouvernements sont soumis aux cycles des élections et des combats électoraux. Dès qu'il s'agit de politique extérieure, nous savons à quel point il est difficile, en pleine campagne électorale, de s'attaquer à un problème sensible. Tout cela ne donne bien sûr qu'une petite idée des difficultés rencontrées à ce niveau par ceux à qui il incombe d'agir concrètement : il y a un décalage entre le fait de disposer d'informations et celui d'en saisir vraiment la teneur. Vous avez, Madame von Pilar, abordant le sujet du point de vue des ONG, soulevé une question qui présente également un intérêt capital dans le cadre de notre thématique. Au moment même où l'on constate que les ONG ne cessent de gagner en importance, on se pose la question de savoir comment les deux acteurs - les États et les ONG - pourront établir des contacts bénéfiques, comment se fera le transfer d'informations et comment ce comportement pourra induire un mode d'action plus judicieux.

Il y a une question que j'aimerais poser à Madame Lochbihler: lorsqu'il s'agit, à l'heure actuelle de prendre en charge les victimes des guerres civiles et des expulsions, quels sont les principaux goulets d'étranglement? Si vous vous placez sous l'angle de votre organisation, Amnesty International, quelles seraient les recommandations et les exigences que vous souhaiteriez formuler?

BARBARA LOCHBIHLER:

Amnesty International est elle aussi une ONG. Or, vous avez, dans votre introduction, mis très fortement l'accent sur le fait que nous représentons les victimes. C'est vrai, nous le faisons, et nous le faisons même d'une façon très partisane! Mais le mot «victimes» a une connotation de passivité, alors que nous venons d'entendre dire, de la bouche même de Madame Mukagasana, que les victimes peuvent parfaitement constituer l'essence d'une société. Ce sont en effet les défenseurs des droits de l'homme qui reconstruisent une société, peut-être parce qu'ils se sont retrouvés dans une situation qui leur a déjà permis d'assumer un engagement visant à transformer la société et de modeler leur pensée dans le sens des droits de l'homme. En tant qu'ardente avocate de la cause des droits de l'homme, il importe pour moi au plus haut point - ainsi d'ailleurs que pour Amnesty International - qu'il soit exclu que l'on puisse manipuler la politique des droits de l'homme entre les élections, que ce soit au plan national ou international.

Il importe également que la politique et la sauvegarde des droits de l'homme touchent les médias. Nous avons besoin des médias: ce sont eux qui nous permettent de signaler les violations des droits de l'homme. Il ne s'agit pas uniquement de faire les gros titres: il s'agit surtout que nous soyons informés. Peut-être pourrons-nous ainsi empêcher les meurtriers de commettre d'autres crimes. Car la non-diffusion de l'information est la meilleure amie des criminels. D'autre part, il arrive que les médias transforment les violations des droits de l'homme en instruments destinés à servir certaines causes politiques: il s'agit là d'un grand danger pour les droits de l'homme. Amnesty International ne prend jamais position, ne prend jamais parti pour l'un ou l'autre des belligérants. Nous pensons que les enquêtes et les faits sont suffisamment éloquents: nous nous bornons donc à communiquer les faits aux politiques. Mais il me semble inquiétant que l'on instrumentalise les droits de l'homme, et que l'on se demande quand les droits de l'homme sont importants et quand ils le sont moins.

Des débats se sont déroulés hier à Bonn. Y assistait, entre autre, Mary Robinson, Haut Commissaire à la défense des droits de l'homme. Elle a tenu un discours identique: les droits de l'homme sont fréquemment ritualisés; les états occidentaux - bcaucoup plus imprégnés de l'héritage des droits de l'homme - les utilisent et les mettent en œuvre. Tandis que ces mêmes droits de l'homme sont récusés par les états - ce sont souvent les états asiatiques qui jouent le rôle de porte-parole - qui, se réclamant d'une tradition orientale, proclament qu'ils ne sont pas valables pour eux.

En tant que représentante d'une ONG, je ne peux que rétorquer que nous devons nous garder de nous ingérer dans un tel imbroglio politique. Car en fin de compte, ce sont les êtres humains qui comptent. Et si l'on regarde de plus près l'argumentation de tel dirigeant asiatique qui affirme: «Si j'opprime mon peuple, cela correspond à nos valeurs asiatiques», c'est tout simplement une opinion erronée. Il est tout aussi faux de prétendre que le concept des droits de l'homme ne peut pas s'enraciner en Afrique parce que les hommes n'ont pas encore atteint le point de développement requis et qu'ils n'ont pas encore compris ce qu'est la civilisation. Je voudrais cerner de la façon suivante les dangers de la discussion sur les droits de l'homme: chacun peut s'en servir à sa façon et cela peut s'avérer extrêmement dangereux.

Selon moi, Madame von Pilar est dans le vrai lorsqu'elle estime que, dans le cas du Rwanda, on disposait de nombreuses informations qui annonçaient une escalade de la violence. L'ONU disposait de ces mêmes informations au niveau de plusieurs Commissions: encore maintenant, l'ONU étudie la marche à suivre pour éviter qu'une telle situation ne se renouvelle. Si nous écoutons les médias, nous avons l'impression que la discussion sur l'intervention se résume à répondre par oui ou par non: en fait, le problème n'est pas si simple. Il faut que l'ONU s'interroge sur la façon d'utiliser de manière plus efficiente les instruments dont elle dispose en matière de droits de l'homme, afin de pouvoir définir ses options au plan de l'action. Elle se doit de jouer le rôle de trait d'union entre les ONG: il faut qu'elle mette au point ces options concernant le mode d'action et enfin qu'elle les propose aux décideurs politiques qui, le cas échéant, en débattront au cours de discussions préalables avec le Conseil de sécurité pour voir ce qu'il est possible de faire. Au plan des discussions internationales, même si ces concepts ne sont pas mûrement élaborés, ils s'inscrivent à l'ordre du jour dès que se pose la question de savoir s'il faut accorder la primauté au principe de la souveraineté nationale ou à la défense des droits de l'homme. Cette question reste posée, et il n'est vraisemblablement pas facile d'y répondre.

Nous pensons que les acteurs et les victimes des violations des droits de l'homme ont besoin de la protection de la communauté internationale. Nous devons, en l'occurrence, nous ingérer dans la politique intérieure d'un pays: je représente également la section allemande. Il ne s'agit pas que la Convention de Genève, pour imparfaite qu'elle soit, soit remise en question même dans des périodes où les flots de réfugiés ne se bousculent pas devant nos portes. Il ne s'agit pas non plus que notre ministre de l'Intérieur répète maintenant que le droit des réfugiés à bénéficier d'une protection constitue un acte de clémence qu'il convient de faire à nouveau dépendre d'une décision politique. Il ne faut pas en arriver là ! Il ne peut y avoir deux poids et deux mesures lorsque l'on exige la sauvegarde des droits de l'homme. En cas de besoin, il faut garantir aux réfugiés l'aide requise par leurs traumatismes; il faut qu'ils puissent rentrer dans leur pays s'ils le désirent. Mais il faut aussi qu'ils puissent choisir de rester ici et de reconstruire là-bas une société détruite par les guerres.

Dans son allocution, la lauréate de notre prix a montré à l'évidence que la réconciliation et la justice étaient incontournables. Et sans doute faut-il, pour être à même de juger, avoir vécu soi-même ces événements. J'aimerais faire une remarque d'ordre plus général: il importe au plus haut point, pour les défenseurs des droits de l'homme que les auteurs des violations de ces mêmes droits soient cités nommément et qu'on leur demande des comptes. Le statut accordé à Rome en 1998 à la Cour pénale internationale constitue une étape majeure. Certes, cela ne représente que l'une des manières possibles de traiter les criminels, mais lorsque l'on a affaire à des représentants élus, c'est un niveau qui présente lui aussi une utilité capitale. Reste à répondre à la question de savoir de quelle façon il convient de traiter les criminels sur les lieux de leurs crimes. Il n'y a à cela qu'une seule réponse possible: il faut que les hommes redeviennent capables de vivre ensemble.

Madame le Professeur Süssmuth a parlé des armes et de l'industrie de l'armement. Le nouveau gouvernement examine la proposition aux termes de laquelle les exportations d'armes devraient désormais être associées aux droits de l'homme: une initiative en tout point positive. Nous demandons donc instamment que l'on prenne au sérieux le principe qui frapperait d'embargo les livraisons d'armes susceptibles d'être utilisées dans un contexte de violations des droits de l'homme.

Nous sommes une organisation des droits de l'homme, fondée essentiellement en vue de la défense des droits politiques et civils individuels: nous pouvons donc seulement souligner et promouvoir ce principe. Il n'est pas possible de scinder les droits de l'homme. Les droits de l'homme, qu'ils soient économiques, sociaux ou culturels, ont la même valeur que les droits individuels et le droit au développement. On peut également affirmer que les droits de l'homme ont une portée et une valeur universelles, car ils sont essentiels dans tous les environnements culturels et dans chaque situation de la vie.

HELMUT HUBEL:

Vous venez d'énumérer un certain nombre de points essentiels: il faut prendre en compte les crimes perpétrés et demander des comptes aux criminels. Vous avez également abordé la politique d'exportation des armes, le danger de l'instrumentalisation et les problèmes posés par ces aspects lorsqu'il s'agit d'en faire part au public. Il faut - c'est, à mon avis, un point capital - que les médias prennent conscience de leurs responsabilité quant à la retransmission d'informations et qu'ils agissent en leur âme et conscience. Comment améliorer leur comportement actuel? Une question cruciale qui préoccupe les organisations d'aide humanitaire. Comment peut-on garantir que les communiqués diffusés par les médias soient faits dans les délais voulus - donc dès le début -, sous une forme idoine, aussi objective que possible, et en l'absence de toute censure?

Permettez-moi de poser une question à Volker Matthies. En tant que chercheur spécialisé dans les questions qui touchent à la paix et aux conflits, quelles sont, si vous vous basez sur votre expérience en matière de crises sur le continent africain et concernant ces problèmes, les données essentielles, les principales causes et les modes de déroulement dominants? Comment peut-on, dans un tel contexte, aborder les problèmes de la prévention?

VOLKER MATTHIES:
Dès qu'il s'agit de comprendre et de saisir la problématique des conflits en Afrique, les médias jouent un rôle de premier plan. Malheureusement, ces mêmes médias ont joué, quant à l'information concernant les conflits africains, un rôle plutôt négatif. En effet, ils s'obstinent à répandre une image catastrophique de l'Afrique, qui apparaît seulement comme un continent où règnent, de manière endémique, les crises, les conflits et les guerres, le tout dans un climat d'exode perpétuel. Dans une large mesure, cette vision se justifie: elle est confortée par les données statistiques sur la fréquence des guerres et le nombre de personnes déplacées. Mais ce n'est là qu'une demi-vérité. Il convient de nuancer cette image chaotique de l'Afrique qui varie en fait d'une région à l'autre. Il faudrait donc informer beaucoup plus largement le public de toutes les exceptions à cette «règle» apparente qui semble vouloir que les crises et la violence soient omniprésentes. Car nous ne recevons pas, loin de là, que de mauvaises nouvelles de l'Afrique; nous en recevons aussi d'excellentes en ce qui concerne, par exemple, les progrès de la démocratisation, le rôle de la population civile, les succès partiels remportés au plan de l'économie, sans oublier les réussites qui rencontrent le moins d'écho, comme, çà et là, l'arrêt des hostilités et la conclusion de traités de paix. Je plaide en faveur de la différenciation de l'image que nous nous faisons de l'Afrique, nonobstant le fait que le génocide du Rwanda ait de nouveau accentué cette image tragique de façon dramatique: un phénomène qui n'a amélioré ni notre perception de la situation ni les communiqués des médias.

À l'échelle mondiale, l'Afrique est l'un des points chauds des conflits. Au cours de ces dernières années, quatorze guerres ont ensanglanté l'Afrique, ce qui correspond à plus de 40% du total des conflits mondiaux. Au plan de la typologie de la guerre, dans la mesure où il s'agit la plupart du temps de guerres civiles, l'Afrique s'inscrit dans la foulée des tendances mondiales. Or, ces guerres civiles ne correspondent pas à l'image traditionnelle de la guerre définie comme un conflit entre des états. Si l'on s'interroge sur les causes fondamentales, on s'aperçoit qu'il est bien difficile de trouver un dénominateur commun. En fait, nous ne pouvons que situer les conflits africains dans un contexte historique. Il nous faut faire référence au passé colonial qui, en Afrique plus encore que dans d'autres pays en voie de développement, a laissé son empreinte. Il faut aussi que nous rappelions la relation de dépendance établie entre les sociétés africaines et l'économie du marché capitaliste mondial. Et, quant aux années 60, 70 et 80, il nous faut aussi tenir compte du fait que l'Afrique, pour son malheur, fut impliquée dans le conflit mondial est-ouest par le biais des luttes entre les représentants et des fournituteures d'armes. Telles apparaissent donc, sommairement esquissées, les grandes lignes des conflits.

Pour prendre en compte les paramètres qui génèrent la violence en Afrique même, il faudrait, dans un premier temps, que nous adoptions comme prémisses de notre réflexion la perception erronée que nous proposent les médias. Une vision simpliste qui continue à évoquer le tribalisme, la lutte entre les clans: un tribalisme que l'on ne cesse d'appeler à la rescousse pour fournir une explication globale du phénomène des guerres en Afrique. Les commentateurs plus modernes parleront de «différence ethnique», voire d'«ethnicité». Dans ce contexte, ces phénomènes sont supposés constituer les causes profondes des conflits: ils leur sont à tout le moins associés. Or, cette vision peut être rejetée sans ambiguïté. La science a montré que les différences ethniques ne sont en aucune façon des phénomènes quasiment naturels: elles découlent au contraire essentiellement de constructions sociales et politiques. Si des différences ethniques et culturelles jouent vraiment un rôle, il faut entendre par là qu'elles sont sciemment et systématiquement exploitées, attisées et instrumentalisées à des fins politiques.

Un phénomène que le génocide du Rwanda met en relief de façon indiscutable. Car il s'agit ici de massacres planifiés systématiquement pendant des années: un caractère spécifique que les autres conflits africains ne font pas ressortir aussi nettement ni dans la même mesure. Si l'on veut déceler les causes directes du conflit, ne serait-ce que de façon sommaire, on s'aperçoit qu'à l'arrière-plan, derrière l'instrumentalisation de différences ethniques et culturelles, se profilent toujours les problèmes des luttes de répartitions socio-économiques, d'inégalité de répartition des ressources économiques, d'inégalité d'accès aux services sociaux, d'inégalité, enfin, de participation à l'exercice de la puissance politique. Les enjeux des combats sont donc la puissance et la répartition des ressources, au Rwanda plus particulièrement celle des ressources agricoles. Telle se présente donc, en substance, la véritable toile de fond des événements, l'ethnicité n'étant en dernière analyse que la défroque revêtue par les conflits, celle qui leur permet de s'extérioriser.

Une situation dont il est possible de tirer des enseignements capitaux, des enseignements que l'on pourrait, au-delà du cadre africain, étendre à l'ensemble du monde. Trois lignes directrices se dégagent de l'ensemble. Il convient tout d'abord de mener une politique de prévention concrète, ce d'un double point de vue: il va falloir, d'une part, mettre en œuvre des mesures de prévention à long terme, une stratégie, donc, qui s'articule autour des structures et des causes. C'est là non seulement la vocation première de toute coopération politique ciblée vers le développement, mais aussi, et de façon générale, la définition des relations extérieures des pays industrialisés avec l'Afrique. Sont en jeu, à ce niveau, des questions relatives à la fois au système de l'économie mondiale, à une plus grande équité, susceptibles d'induire des conditions générales plus favorables au plan de l'économie mondiale. Je n'en veux pour exemples que l'endettement chronique des états africains ou le contrôle des exportations d'armes. D'autre part - et, dans ce cas concret, le Rwanda joue un rôle prépondérant -, il s'agit de mettre sur pied, de préférence à court terme, ce que l'on appelle la «prévention opérationnelle», autrement dit le fait de neutraliser et de contrecarrer les explosions de violence imminentes.

Nous remarquons, à ce point de notre raisonnement, une solution de continuité: il s'agit du fameux chaînon manquant, maintes fois évoqué, entre l'alarme précoce et l'intervention précoce - donc, en clair, de l'absence de prévention. Pour expliquer ce chaînon manquant, on invoque, en règle générale, le désintérêt ou le manque d'intérêt des autres pays, en particulier des grandes puissances ou des membres du Conseil de sécurité des Nations unies. Mais il faut également tenir compte de la manière dont sont traitées les informations disponibles. Dans de nombreux cas - en particulier en ce qui concerne le Rwanda et le Kosovo, on disposait de nombreuses informations. Croit-on à la véracité de ces informations? Comment sont-elles interprétées? Ces questions sont bien sûr capitales. Mais il n'en demeure pas moins que le problème essentiel consiste à définir les intérêts à prendre en compte: faut-il - ou non - agir de façon préventive?

Il convient de souligner qu'à l'époque de la crise le Rwanda était loin d'être un cas isolé: nombre d'autres cas s'étaient traduits par des expériences extrêmement négatives. Que l'on se souvienne du «syndrome de Somalie» qui a sûrement joué un rôle décisif lorsque les États-Unis refusèrent d'intervenir de façon préventive au Rwanda.

Il va de soi que l'on ne pourrait passer sous silence le rôle ambigu joué par la France, impliquée dans les événements du Rwanda du fait de ses activités diplomatiques générales, de celles de ses services secrets et du fait, également, de sa politique militaire. À l'avant-plan des événements, de par leur coopération en matière de développement, les états de l'UE, Allemagne comprise, ont contribué indirectement à stabiliser le régime qui devait porter la responsabilité du génocide. Nul, dans ce contexte, n'a senti suffisamment le danger, nul n'a perçu les signes avant-coureurs de la violence, et nul ne les a analysés de façon suffisamment critique. Il faut en outre signaler l'existence, du côté des Nations unies, d'un optimisme de circonstance : peu avant les événements du Rwanda, les efforts des Nations unies pour sauver la paix en Angola s'étaient, dans une large mesure, soldés par un échec. On a donc voulu, par le traité d'Arusha au Rwanda, faire la preuve que des négociations pouvaient aboutir. Etant donné les circonstances, un certain optimisme était de mise: on a donc rechigné à capter, à accepter et à transmettre à qui de droit les avertissements qui, pourtant, avaient bel et bien été communiqués. Ce serait donc la première leçon à tirer de cette expérience: il faut absolument mettre sur pied une prévention plus efficiente.

Dans ce même contexte, il faut également faire remarquer que le génocide du Rwanda - que l'on n'a pu éviter - est justement devenu le moteur des débats internationaux sur la prévention. Il est vrai que ces débats ont été précédés dès 1992 par un document important émanant des Nations unies, le «calendrier de la paix». Mais il a fallu attendre le choc causé par le Rwanda et la mauvaise conscience de la communauté des états pour qu'une dynamique apparaisse dans la question de la prévention. Mais, là encore, il importe de procéder à des vérifications précises: les politiques ont-ils voulu légitimer leur attitude en donnant, du bout des lèvres, une approbation de pure forme? Ou font-ils, au contraire, preuve d'une sincère bonne volonté, sont-ils vraiment désireux de continuer à développer ce concept - même au plan opérationnel - et donc de le mettre en œuvre? Malheureusement, les événements du Kosovo et du Timor-Oriental nous imposent le scepticisme: de toute évidence, nous n'en sommes pas encore là.

Deuxième enseignement, il faut que nous privilégions les processus de paix en aval par rapport aux processus de paix en amont qui se situent au plan étatique, aux plans des grandes actions entreprises et menées par les états, les diplomates, les politiques, bref par les «seigneurs de la guerre». Car il ne faut pas oublier qu'en coulisses, ce sont justement l'appareil gouvernemental, l'état lui-même qui, dans de nombreux conflits africains, ont joué un rôle éminemment destructeur. En dernière analyse, c'est trop souvent l'état qui apparaît comme la cause profonde de la répression et de la violence: si l'on se borne à compter, pour l'essentiel, sur l'appui des processus de paix mis en route au niveau étatique, on part d'une base erronée. L'expérience le prouve - et c'est un fait capital -, surtout lorsqu'il s'agit des traités et des processus de paix ayant trait à l'Afrique. Dans cet ordre d'idées, il convient de promouvoir complémentairement un processus de paix en aval, un processus qui prendra naissance dans les structures mêmes de la population civile. À ce niveau, un rôle vital est imparti aux ONG. Car il s'agit en fin de compte d'ancrer le processus de paix dans la société, dans les hommes eux-mêmes. Pour y parvenir, il faut que ces hommes participent activement à ce processus: il faut donc qu'ils s'intéressent à la paix, qu'ils comprennent que la paix est plus importante et plus rentable que la guerre. Il importe donc de promouvoir et de forger des «alliances de paix» de façon à créer des «îles de paix» qui, formant un réseau toujours plus dense et toujours plus vaste, contrebalanceront les effets des zones de conflits et les sphères des organisations sociales et politiques qui ont tout à gagner à ce que la guerre perdure.

J'aimerais, pour terminer, dégager un troisième enseignement de cette situation: à l'issue des conflits, la consolidation du processus de paix continue à requérir un soutien durable. Après s'être penché pendant quelque temps sur les problèmes de la reconstruction, de la réconciliation, de la réhabilitation sociale, du travail de deuil relatif aux traumatismes et de l'édification politique, il faut se garder de jeter trop tôt le manche après la cognée. Il faut au contraire pratiquer une politique de longue haleine, car ces guerres, qui durent souvent des années, laissent sur leurs vastes champs de batailles des sociétés traumatisées et démantelées par les conflits. Après avoir échoué dans le domaine de la prévention, la communauté des états ne doit pas abandonner ces sociétés à elles-mêmes, en moins de temps qu'il n'en faut pour le dire et sans même s'interroger après coup sur sa responsabilité.

HELMUT HUBEL:
Je voudrais souligner rapidement l'un des points évoqués: il ne s'agit pas nécessairement des différences ethniques, mais de la manière dont les dirigeants politiques les appréhendent; selon moi, c'est l'instrumentalisation des différences qui pose problème. Il s'agit là d'un facteur essentiel que les médias devraient peut-être faire intervenir davantage dans leurs communiqués. Les trois enseignements que vous avez dégagés de la situation sont, Monsieur Matthies, extrêmement importants: politique de prévention, processus de paix en aval et accompagnement - donc consolidation - de la reconstruction. Toutes ces exigences, qui impliquent, non des mesures prises à la va-vite, mais au contraire une politique durative, présupposent un engagement intensif. La question reste posée: comment se mettre au service d'un engagement inscrit dans la durée alors même que d'autres pays sont à feu et à sang?

QUESTIONS POSÉES PAR LE PUBLIC:
J'ai étudié en Allemagne. Je remercie Madame Mukagasana. Elle a pris une heureuse initiative, et je connais Madame Mukagasana. Nous nous sommes rencontrés à Berlin. Je lui ai promis de travailler avec elle à la réconciliation du peuple rwandais, quelle que soit la façon dont nous nous y prendrions. Nous avons nous aussi une organisation, et la coopération ne pose pas de problème: un jour ou l'autre, le peuple rwandais finira par vivre en paix. Mais je voudrais faire une petite remarque: Madame Mukagasana a parlé des massacres de 1963, 1967, 1973, 1990 et 1994. Mais elle n'a pas parlé des massacres qui ont lieu actuellement. Je suis moi-même citoyen rwandais. En 1990, je travaillais dans le secteur du tourisme. J'ai vu de mes propres yeux la façon dont la FPE s'en prenait au Rwanda, j'ai vu massacrer des hommes. Je me suis plongé dans l'étude de la situation, j'ai lu de nombreux communiqués, parce que le Rwanda est ma patrie. À l'heure actuelle, on assiste de nouveau à ce qu'on ne peut guère appeler autrement qu'un génocide, et c'est le gouvernement en place qui en est responsable. On vous a rapporté ce qui s'était passé au Congo, et maintenant cela recommence. Madame Mukagasana devrait donc parler également des massacres de 1990 et de ce qui se passe actuellement.

YOLANDE MUKAGASANA:
Nous nous sommes effectivement rencontrés à Berlin. Je me souviens même qu'à l'époque je vous ai fait une remarque sur votre agressivité à mon égard. Et je vous ai aussi que, pour trouver une solution pour notre pays, il nous fallait une table ronde. Et il fallait aussi que nous gardions tout notre calme. Vous m'avez dit que vous pouviez me remettre des documents qui prouvaient qu'à la date en question 10 000 prisonniers avaient été envoyés au front au Congo. J'évoque ces détails pour vous prouver que je me souviens parfaitement de vous. Je vous ai donné ma carte de visite, mais vous n'avez pas voulu me donner votre adresse. J'ai passé les mois d'août et d'octobre au Rwanda et j'ai traversé tout le Rwanda: je n'ai pas vu de massacres. Quant à vous, en tant que citoyen rwandais, vous n'êtes en aucune façon un témoin oculaire de la réalité de notre pays: vous faites partie de ceux qui ne veulent pas la paix au Rwanda. Il faut se rendre au Rwanda, voir sur place comment les choses s'y passent. Si vous êtes parti en 1994, comment voulez-vous savoir ce qui s'est passé après le génocide? Cette année-là, je suis allée quatre fois au Rwanda et je n'y ai pas vu de massacres. Peut-être parce que je ne veux rencontrer ni les représentants du gouvernement ni les militaires. Je me rappelle vous avoir dit que je ne représentais pas le gouvernement rwandais. Vous m'avez répondu que vous étiez l'ami de l'ambassadeur. Il est parmi nous aujourd'hui, il peut donc expliquer la situation.

HELMUT HUBEL:

Je suggère d'éclaircir cette controverses à la fin de cette manifestation. Cet échange de propos a montré que le conflit n'était pas terminé et que le problème de la remise en état continuait à se poser de façon aiguë. Cette manifestation aura de toute façon eu le mérite d'attirer l'attention sur cette problématique.

Il est apparu clairement que tant les institutions politiques que les ONG qui se penchent sur cette problématique devaient participer aux débats. La question de l'harmonisation dans ce domaine apparaît à ce niveau comme l'un des problèmes essentiels, un problème qui nous interpelle personnellement. Cette table ronde a également permis de mettre en relief l'importance des médias pour aborder tous ces problèmes - y compris la façon dont ces médias rédigent leurs communiqués. Il est en outre apparu que le facteur temps jouait lui aussi fréquemment un rôle décisif. Un problème clé, car il convient de réagir sans tarder: une remarque qui s'applique précisément au domaine des interventions politiques. Nous nous sommes également penchés sur les dilemmes qui se font jour pour trouver une solution idoine dans les délais voulus lorsque plusieurs crises éclatent simultanément. Nous ne disposions que d'un temps limité: il me semble que nous en avons tiré tout le parti possible. Permettez-moi de terminer en exprimant l'espoir que cette manifestation contribuera à favoriser et à affiner la prise de conscience des problèmes posés par les guerres et la proscription. Peut-être nos hôtes - certains d'entre eux sont venus de très loin - auront-ils remarqué que les «nouveaux länder» allemands s'efforcent, au-delà de leurs problèmes personnels, de prendre en compte des problèmes géographiquement plus lointains et se soucient de ce qui se passe «là-bas au loin», pas seulement en Turquie, mais bien plus loin encore: nous faisons de notre mieux, avec toute notre bonne volonté, pour intégrer ces problèmes à notre tâche.

III. LITERATUR ZUM THEMENKREIS „BÜRGERKRIEG, VERTREIBUNG UND HUMANITÄRE HILFE"

III. BIBLIOGRAPHIE ARTICULÈE AUTOUR DU THÈME DE RÉFLEXION «GUERRE CIVILE, EXPULSION ET AIDE HUMANITAIRE»

Anhang:

Dokumentation von Literatur zum Themenkreis Bürgerkrieg, Vertreibung und Humanitäre Hilfe

Von Thomas Henzschel, M.A., Lehrstuhl für Aussenpolitik und internationale Beziehungen, Friedrich-Schiller-Universität Jena

A. Allgemeine Literatur zu Bürgerkrieg und Vertreibung

Bade, Klaus/Münz, Rainer, Migrationsreport 2000. Fakten, Analysen, Prognosen, Frankfurt/Main 2000.

Bade, Klaus/Bommes, Michael (Hrsg.), Migration - Ethnizität - Konflikt. Erkenntnisprobleme und Beschreibungsnotstände - eine Einführung, Osnabrück 1997.

Blumenwitz, Dieter, Flucht und Vertreibung, Köln 1987.

Blumenwitz, Dieter, Internationale Schutzmechanismen zur Durchsetzung von Minderheitenrechten und Volksgruppenrechten, Köln 1997.

Brunkhorst, Hauke (Hrsg.), Einmischung erwünscht? Menschenrechte in einer Welt der Bürgerkriege, Frankfurt/Main 1998.

Debiel, Tobias/Nuscheler, Franz (Hrsg.) Der Neue Interventionismus - Humanitäre Einmischung zwischen Anspruch und Wirklichkeit, Bonn 1996.

Dicke, Klaus/Mazowiecki, Tadeusz/Zwiener, Ulrich (Hrsg.), Wie konnte das geschehen? Menschenrechtsverletzungen im Jugoslawienkonflikt, in: Schriftenreihe des Collegium Europaeum Jenense, No. 16, Jena 1997.

Glahn,Wiltrud von, Der Kompetenzwandel internationaler Flüchtlingshilfsorganisationen - vom Völkerbund bis zu den Vereinten Nationen, Baden-Baden 1992.

Holl, Jane E., Konfliktprävention - Strategien zur Verhinderung ethnischer Zwietracht, in: Internationale Politik, No. 9, Vol. 54, September 1999.

Hutter, Franz Josef/Mihr, Anja/Tessmer, Carsten, Menschen auf der Flucht, Leverkusen 1999.

Jean, Francois/Rufin, Jean-Christophe, Ökonomie der Bürgerkriege, Hamburg 1999.

Lehmler, Lutz, Die Strafbarkeit von Vertreibungen aus ethnischen Gründen im bewaffneten nicht-internationalen Konflikt, Baden-Baden 1999.

Meyer, Gisela, Menschenrechte im Buergerkrieg: eine Untersuchung und Bestandsaufnahme der uneingeschränkt gültigen Menschenrechte unter besonderer Berücksichtigung der Einordnung des Bürgerkrieges in die internationalen Verträge, (Dissertation), Münster 1996.

Steinacker, Karl, Flüchtlingskrisen - Möglichkeiten und Grenzen für wirtschaftliche Zusammenarbeit und Entwicklung, Köln 1992.

Szabo, Aniko, Vertreibung, Rückkehr, Wiedergutmachung, Göttingen 2000.

Tuerk, Volker, Das Flüchtlingshochkommissariat der Vereinten Nationen (UNHCR), Berlin 1992.

B. Literatur zum Völkermord in Ruanda

1. Ausgewählte Resolutionen des Sicherheitsrates der Vereinten Nationen
Die Resolutionen sind in deutscher Sprache abgedruckt in der Zeitschrift "Vereinte Nationen". Sämtliche Resolutionen seit 1995 in deutscher Sprache finden sich zudem auf der Homepage der deutschen Vertretung bei den Vereinten Nationen (http://www.un.org/Depts/german/).

- Res. 1259 (1999) vom 11. August 1999 Ernennung von Carla Del Ponte zur Anklägerin bei dem Internationalen Gericht für Ruanda.
- Res. 1161 (1998) vom 9. April 1998 Wiedereinsetzung der Internationalen Untersuchungskommission zur Untersuchung illegaler Waffenlieferungen.
- Res. 1050 (1996) vom 8. März 1996 Regelungen für den Abzug der UNAMIR.
- Res. 977 (1995) vom 22. Februar 1995 Aruscha als Sitz des Internationalen Gerichts für Ruanda.
- Res. 978 (1995) vom 27. Februar 1995 Verhaftung von Personen für Handlungen, die in die Zuständigkeit des Internationalen Gerichts für Ruanda fallen.
- Res. 997 (1995) vom 9. Juni 1995 Verlängerung und Anpassung des Mandats der Hilfsmission der Vereinten Nationen für Ruanda (UNAMIR).
- Res. 1028 (1995) vom 8. Dezember 1995 sowie Res. 1029 (1995) vom 12. Dezember 1995 Verlängerung des Mandats der UNAMIR.
- Res. 965 (1994) vom 30. November 1994 Verlängerung und Anpassung des Mandats der Hilfsmission der Vereinten Nationen für Ruanda (UNAMIR).
- Res. 955 (1994) vom 8. November 1994 Einrichtung eines Internationalen Strafgerichtshofes für Ruanda und Annahme seines Statuts
- Res. 935 (1994) vom 1. Juli 1994 Aufforderung des Generalsekretärs zur Einsetzung einer Expertenkommission zur Untersuchung von Verletzungen des

humanitären Völkerrechts in Ruanda (UNAMIR).

- Res. 929 (1994) Einrichtung einer zeitweiligen multinationalen Hilfsoperationen zu humanitären Zwecken bis zur Entsendung der Hilfsmission der Vereinten Nationen für Ruanda.

- Res. 918 (1994) Ausweitung des Mandats der Hilfsmission der Vereinten Nationen für Ruanda (UNAMIR) und Inkraftsetzung eines Waffenembargos gegen Ruanda.

- Res. 909 (1994) Ausweitung des Mandats der Hilfsmission der Vereinten Nationen für Ruanda (UNAMIR) und Durchsetzung des Arusha Friedensabkommens.

- Res. 893 (1994) Mandat der Hilfsmission der Vereinten Nationen für Ruanda (UNAMIR) und Durchsetzung des Arusha Friedensabkommens.

2. Auswahlbibliographie
a) Konflikt, Konfliktursachen, Geschichte

Adelman, Howard/Suhrke, Astri (Hrsg.), The Path of a Genocide : The Rwanda Crisis from Uganda to Zaire, Piscataway/New Jersey 1999.

Bächler, Günther, Rwanda - The Roots of Tragedy. Battle for Elimination on an Ethno-political and Ecological Basis, in: Günther Bächler, Kurt R. Spillmann (Hrsg.), Kriegsursache Umweltzerstörung, Vol. 2 Regional- und Länderstudien von Projektmitarbeitern, Chur/Zürich 1996, S. 461 - 502.

Berry, John A./Berry, Carol Pott (Hrsg.), Genocide in Rwanda: A Collective Memory, Washington 1999.

Destexhe, Alain, Rwanda and Genocide in the Twentieth Century, New York 1995.

Gourevitch, Philip, Wir möchten Ihnen mitteilen, daß wir morgen mit unseren Familien umgebracht werden - Berichte aus Ruanda, Berlin 1999.

Keane, Fergal, Season of Blood - A Rwandan Journey, London 1997.

Muyombano, Celestin, Ruanda. Die historischen Ursachen des Bürgerkrieges, Stuttgart 1995.

Neubert, Dieter, Mehr als eine Bruchlinie. Die Hintergründe des gegenwärtigen Bürgerkrieges in Ruanda, in: Südwind - Entwicklungspolitisches Magazin, Nr. 6-7/1994, S. 10 - 11.

Newbury, Catharine, The Cohesion of Oppression - Clientship and Ethnicity in Rwanda 1860-1960, New York 1989.

Nyankanzi, Edward L., Genocide: Rwanda and Burundi, Rochester 1998.

Prunier, Gérard, The Rwanda crisis: history of a genocide, London 1998.

Scherrer, Christian P., Ethnisierung und Völkermord in Zentralafrika, Frankfurt/Main 1997.

Schürings, Hildegard (Hrsg.), Ein Volk verläßt sein Land. Krieg und Völkermord in Ruanda, Karlsruhe 1994.

Schürings, Hildegard, Rwandische Zivilisation und christlich-koloniale Herrschaft, Frankfurt/Main 1992.

Strizek, Helmut, Kongo/Zaire - Ruanda - Burundi: Stabilität durch erneute Militärherrschaft?, München/Köln/London 1998.

Strizek, Helmut, Ruanda und Burundi. Von der Unabhängigkeit zum Staatszerfall. Studie über eine gescheiterte Demokratie im afrikanischen Zwischenseegebiet, 1996.

Uvin, Peter, Aiding Violence - The Development Enterprise in Rwanda, West Hartford 1998.

b) Zum Internationalen Strafgerichtshof für Ruanda
Ball, Howard, Prosecuting War Crimes and Genocide: The Twentieth-Century Experience, Kansas 1999.

Beigbeder, Yves/Van Boven, Theo, Judging War Criminals: The Politics of International Justice, New York 1999.

Jones, John R. W. D., The Practice of the International Criminal Tribunals for the Former Yugoslavia and Rwanda, Piscataway/New Jersey 1998.

Knocke, Brigitte/Lüder, Sascha Rolf, Der Internationale Strafgerichtshof für Ruanda, in: Humanitäres Völkerrecht Informationsschriften (HuV-I), Vol. 9/1996, S. 214.

Lüder, Sascha Rolf, Der aktuelle Fall: Die Verurteilung des ehemaligen ruandischen Ministerpräsidenten Jean Kambanda durch den Internationalen Strafgerichtshof für Ruanda, in: Humanitäres Völkerrecht Informationsschriften (HuV-I), Vol. 11/1998.

c) Zur internationalen Reaktion und zur humanitären Hilfe
Ärzte ohne Grenzen (Hrsg.), Im Schatten der Konflikte - Schützt humanitäre Hilfe Menschen in Not?, Bonn 1996.

Borton, John/Brusset, E./Hallam, A., et al.(Hrsg.), The International Response to Conflict and Genocide-Lessons from the Rwanda Experience, London 1996.

Boutros-Ghali, Boutros (Hrsg.), The United Nations and Rwanda 1993-1996, New York 1996.

Brauman, Rony, Hilfe als Spektakel. Das Beispiel Ruanda, Hamburg 1995.

Carnegie Commission on Preventing Deadly Conflict (Hrsg.), Preventing Deadly Conflict - Final Report, New York 1997.

Feil, Scott R., Preventing Genocide - How the Early Use of Force Might Have Succeeded in Rwanda, A Report to the Carnegie Commission On Preventing Deadly Conflict, New York 1998.

Huber, Bernhard, Habt ihr uns vergessen? Bilder aus Ruanda - Erfahrungen eines Arztes, Nürnberg 1996.

Jean, François, Völker in Not, Paris 1995.

Klinghoffer, Arthur Jay, The International Dimension of Genocide in Rwanda, New York 1998.

Leyton, Elliott, Touched by Fire - Doctors Without Borders in a Third World Crisis, Toronto 1999.

Massey, Simon, Operation Assurance - The greatest intervention that never happened, in: Journal of Humanitarian Assistance, http://www-jha.sps.cam.ac.uk/a/a533.htm posted on 15 February 1998.

Mazimpaka, Thomas, Ein Tutsi in Deutschland. Das Schicksal eines Flüchtlings, Leipzig 1997.

Scherrer, Christian P., Genocide and Genocide Prevention - General Outlines Exemplified with the Cataclysm in Rwanda 1994, in: Copenhagen Peace Research Institute (COPRI) [Hrsg.], COPRI - Working Papers, No. 14/1999, Kopenhagen 1999.

Uvin, Peter, Development, aid and conflict: reflections from the case of Rwanda, Helsinki 1996.

Waal, Alex de, Humanitäre Hilfe zum Völkermord, in: Le Monde Diplomatique, No. 5509, 17.04.1998, S. 20.

3. INTERNET - Links
Unter http://www.ictr.org/ findet sich die Homepage des Internationalen Strafgerichtshofes für Ruanda (engl.).

Die Nichtregierungsorganisation intermedia sammelt Informationen zum Internationalen Strafgerichtshof für Ruanda (engl./franz.): http://www.inter-media.org/.

Das internationale Netzwerk Völkermord Verhütung International bietet eine Vielzahl von Links http://www.preventgenocide.org/.

Der deutsche Text der Konvention über die Verhütung und Bestrafung des Völkermordes ist u.a. unter:
http://www.preventgenocide.org/de/recht/konvention/text.htm abgelegt.
Die Nichtregierungsorganisation INTERNEWS beobachtet die Strafprozesse am Internationalen Strafgerichtshof für Ruanda (engl.) unter:
http://www.internews.org/PROJECTS/ICTRnews.html.

Eine umfangreiche Sammlung mit Artikeln und Reportagen zum Thema Ruanda bietet Le Monde Diplomatique:
http://www.monde-diplomatique.fr/index/pays/rwanda.

Der abschließende Bericht einer unabhängigen Untersuchungskommission im Auftrag der Vereinten Nationen (Report of the Independent Inquiry into the actions of the United Nations during the 1994 genocide in Rwanda) vom 15. Dezember 1999 findet sich unter:
http://www.un.org/News/ossg/rwanda_report.htm.

Das Integrated Regional Information Network for Central and East Africa (IRIN-CEA) bietet eine täglich aktualisierte Sammlung von Nachrichtenmeldungen und Artikeln zur Region: http://www.reliefweb.int/IRIN/cea/ceafp.htm.

Die Ruanda-Webpage der Universität von Pennsylvania/USA verfügt über eine umfangreiche Linksammlung
(http://www.sas.upenn.edu/African_Studies/Country_Specific/Rwanda.html) zum Thema Ruanda.

Die Arbeitsgemeinschaft Kriegsursachenforschung (AKUF) informiert auf ihrer Website umfassend über das weltweite Kriegsgeschehen nach dem Zweiten Weltkrieg: http://sozwi-linux.sozialwiss.uni-hamburg.de/Ipw/Akuf/home.html.

IV. AUTOREN UND TEILNEHMER DES
ROUND-TABLE
*IV. AUTEURS ET PARTICIPANTS
À LA TABLE RONDE*

Autoren und Teilnehmer des Round-table

Prof. Dr. Helmut Hubel, Lehrstuhl für Außenpolitik und Internationale Beziehungen, Direktor des Instituts für Politikwissenschaft der Friedrich-Schiller-Universität Jena

Barbara Lochbihler, Sekretärin von amnesty international, Sektion Deutschland, Bonn

Prof. Dr. Volker Matthies, Institut für Politikwissenschaft, Universität Hamburg

Mme. Yolande Mukagasana, Präsidentin der Vereinigung „NYAMIRAMBO" Point d'appui; Gesundheitsberaterin, Brüssel/Kigali

Dr. Ulrike von Pilar, Vizedirektorin von „Ärzte ohne Grenzen e.V.", Deutsche Sektion, Bonn

Prof. Dr. Dr. h.c. mult. Rita Süssmuth, MdB, Schirmherrin der Deutschen Stiftung für UNO-Flüchtlingshilfe, Berlin

Prof. Dr. Dr. Ulrich Zwiener, Vorsitzender der Stiftung für Internationale Verständigung und Menschenrechte, Kurator des Collegium Europaeum Jenense, Direktor des Instituts für Pathophysiologie, Klinikum der Friedrich-Schiller-Universität Jena

Schriftenreihe des Collegium Europaeum Jenense

Bisher erschienen:

Heft 1   Zwiener, U. u.a. (Hrsg.): Europa im Aufbruch für eine offene und menschlichere Welt. Zur Gründung des Collegium Europaeum Jenense an der Friedrich-Schiller-Universität Jena am 11.01.1991. - Jena/Erlangen 1991. - 95 S. - ISBN 3-925978-005 (vergriffen)

Heft 2   Pester, Th.: Universität und gesellschaftlicher Umbruch. Deutsches Hochschulwesen im Epochenwechsel 1789-1830. - Jena/Erlangen 1991. - 93 S. - ISBN 3-925978-00-4 (vergriffen)

Heft 3   Zwiener, U. u.a. (Hrsg.): Verantwortung für Natur und Gesellschaft. Humanistische Tradition und europäische Zukunft. Ausgewählte Beiträge des I. Internationalen Studenten- und Hochschullehrerseminars des Collegium Europaeum Jenense. - Jena/Erlangen 1991. - 147 S. - 16,- DM. - ISBN 3-925978-00-8

Heft 4   Gottwald, H. u.a. (Hrsg.): Universität im Aufbruch. Die Alma mater Jenensis als Mittler zwischen Ost und West. Völkerverbindende Vergangenheit und europäische Zukunft einer deutschen Universität. Internationale Konferenz des Collegium Europaeum Jenense und des Historischen Instituts der Friedrich-Schiller-Universität Jena vom 05.-07. Juni 1991. - Jena/Erlangen 1992. - 394 S. - ISBN 3-925978 (vergriffen)

Heft 5   Reiner Kunze: "... und nie mehr der lüge den ring küssen müssen". Erste Jenaer Dichterlesung mit Verleihung der Ehrenmitgliedschaft des Collegium Europaeum Jenense. Zwiener, U.; Meinhold, G. (Hrsg.). - Jena/Erlangen 1992. - 56 S. - ISBN 3-925978-12-7 (unverkäufliche Jahresgabe 1992 des CEJ)

Heft 6   Zwiener, U.; Siemek, M. (Hrsg.): Polen und Deutsche in Europa - Traditionen der Gemeinsamkeit und neue Wege. - Jena/Erlangen 1992.- 80 S. - ISBN 3-925978-13-5, dtsch. u. poln. (vergriffen)

Heft 7   Radim Palous. Comenius aus Patockas Sicht. Jan Patocka - Gedächtnisvorlesung des Collegium Europaeum Jenense am 16.04.1992. Zwiener, U. (Hrsg.) . - Jena/Erlangen 1993. - 29 S.- 5,- DM. - ISBN 3-925978-18-6

Heft 8   Zwiener, U. u.a. (Hrsg.): Herausforderung Europa 2000 - Positionen zu verantwortungsvollem Handeln. II. Internationales Studenten- und Hochschullehrerseminar des Collegium Europaeum Jenense vom 25.-29.11.1992. - Jena 1993. - 76 S. - 5,- DM. - ISBN 3-925978-20-8

Heft 9 Kratschmer, E. u. Zwiener, U. (Hrsg.): Jürgen Fuchs. Poesie und Zersetzung. 1. Jenaer Poetik-Vorlesung "zu Beförderung der Humanität". - Jena 1993. - 100 S. - 15,- DM. - ISBN 3-925978-23-2

Sonderheft Zwiener, U. u.a. (Hrsg.): Dieter Chenaux-Repond. Die deutsche Vereinigung aus Schweizer Sicht. - Jena 1993. - 17 S. - 6,- DM. - ISBN 3-925978-21-6

Heft 10 Zwiener, U. u.a. (Hrsg.): Europäische Herausforderungen heute. European Challenges Today. Toleranz und Vertrauen zu neuer Gemeinsamkeit. - Jena 1994. - 361 S. - 19,60 DM. - ISBN 3-925978-32-1

Heft 11 Zwiener, U. u.a. (Hrsg.): Alfred Grosser. Vergangenheitsbewältigung. Rede an der Friedrich-Schiller-Universität Jena am 18.05.1994. - Jena 1994. - 21 S. - 10,- DM. - ISBN 3-925978-36-4

Heft 12 Bense, G. u.a. (Hrsg.): Deutsch-Litauische Kulturbeziehungen. Kolloquium zu Ehren von August Schleicher an der Friedrich-Schiller-Universität Jena. - Jena 1995. - 155 S. - 22,80 DM. - ISBN 3-925978-38-0

Heft 13 Zwiener, U. (Hrsg.): Vital Necessity of Tolerance. Letter and Appeal of 45 Chinese Intellectuals. Toleranz ist unverzichtbar. Brief und Appell der 45 chinesischen Intellektuellen. - Jena 1995. - 6,80 DM. - ISBN 3-925978-51-8

Heft 14 Zwiener, U. u.a. (Hrsg.): Gegen Extremismus und Gewalt. Aktuelle Analysen und Schlußfolgerungen. - Jena 1996. - 356 S. - 49,80 DM. - ISBN 3-925978-53-4

Sonderheft Kratschmer, E. (Hrsg.): Gottfried Meinhold - Poesie und Utopie. Eine Schrift anläßlich des 60. Geburtstages von G. Meinhold. Jenaer Poetik-Vorlesungen "zu Beförderung der Humanität".- Jena 1996. - 155 S. - 24,50 DM. - ISBN 3-925978-59-3

Heft 15 Lausch H. u. Zwiener U. (Hrsg.): Maurice-Ruben Hayoun: Zur Stellung der Jüdischen Kultur in der Geistesgeschichte Europas. Jena 1996. - 44 S. - 10,- DM. - ISBN 3-925978-54-2

Heft 16 Dicke, K.; Mazowiecki, T.; Zwiener, U. (Hrsg.): Wie konnte das geschehen? - Menschenrechtsverletzungen im Jugoslawienkonflikt. - Jena 1997. - 88 S. -10,- DM. - ISBN 3-933159-00-8, 2. Aufl. 1999

Heft 17 Jorke, D. (Hrsg.): Sterben-Tod-Begräbnis. Ringvorlesung 1996. - Jena 1997. - 80 S. - 11,90 DM. - ISBN 3-933159-01-6

Heft 18 Dicke, K. u. Zwiener, U. (Hrsg.): Geistig-politische Kultur zwischen den Völkern. Zur Agenda einer Kultur des Friedens in Europa. - Jena 1998. - 76 S. - 11,90DM. - ISBN 3-933159-04-0

Heft 19 Zwiener; U., Frasch, B. u. Bohn, Th. (Hrsg.): Sergej Kowaljow: Russlands schwieriger Weg und sein Platz in Europa. (dt. u. russ.) - Jena 1999. - 60 S. - 8,90 DM - ISBN 3-933159-05-9

Heft 20 Steltner, U. (Hrsg.): Auf der Suche nach einer neuen Heimat ... Sprachwechsel / Kulturwechsel in der slawischen Welt. - Jena 1999. - 119 S. - 11,90 DM - ISBN3-933159-06-7

Heft 21 Zwiener, U., Petzold, K. (Hrsg.): Hans Küng: Globalisierung erfordert eine globales Ethos. - Jena 2000. - 32 S. - 8,90 DM - ISBN3-933159-07-5

Sondertitel

Fichte, Johann Gottlieb: Vorlesungen über die Bestimmung des Gelehrten. Jena 1794 Reprintausgabe 1994. Hrsg.: Vieweg, K. u. Winkler, W., Jena 1994. - 46,- DM. ISBN 3-925978-33-X

Kratschmer, E. (Hrsg.): Dem Erinnern eine Chance. Jenaer Poetik-Vorlesungen "zu Beförderung der Humanität" 1993/94. - Heinrich-Böll-Stiftung e.V. Köln 1995. - 189 S. - ISBN 3-927760-25-0 (vergriffen)

Kratschmer, E. (Hrsg.): Erinnern Provozieren. Jenaer Poetik-Vorlesungen "zu Beförderung der Humanität" 1995/96. - Heinrich-Böll-Stiftung e.V. Köln 1996. - 280 S. - ISBN 3-927760-27-7 (vergriffen)

Kratschmer, E. (Hrsg.): Literatur + Diktatur. Internationales Autorenkolloquium Kunst + Freiheit - Literatur + Diktatur 14.-16. November 1997 in Jena. - Collegium Europaeum Jenense, Heinrich-Böll-Stiftung e.V. Köln. - Jena 1997. - 309 S. - 19,90 DM. - ISBN 3-933159-02-4

Kratschmer, E. (Hrsg.): Poesie und Erinnerung. Jenaer Poetik-Vorlesungen "zu Beförderung der Humanität" 1993-1998. - Palm & Enke, Collegium Europaeum Jenense. Erlangen/Jena 1998. - 248 S. - 20,- DM. - ISBN 3-7896-0605-7

Zwiener, U.: Zwischen gestern und morgen - Jenaer Begegnungen. Collegium Europaeum Jenense. Jena 1998. - 144 S. - 9,90 DM - ISBN 3-933159-03-2, 2. Aufl. 1999

Mesch, E.: Hans Leisegang - Leben und Werk. Collegium Europaeum Jenense & Palm und Enke - Erlangen/Jena 1999, 295 S. - 26,- DM. - ISBN 3-7896-0607-3

Friedenthal-Haase, M. (Hrsg.): Adolf Reichwein. Widerstandskämpfer und Pädagoge. Collegium Europaeum Jenense/Palm & Enke - Jena /Jena 1999. - 352 S. - 48,- DM - ISBN 3-7896-0606-5

„Und willst du nicht mein Bruder sein..." Thesen über Rechtsextremismus und jugendliche Gewalt aus der Podiumsdiskussion vom 31. Mai 1999. - Collegium Europaeum Jenense - Jena 2000. - 32 S. - 3,- DM

Kratschmer, E. (Hrsg.): Gerettete Texte. Jürgen Fuchs: Schriftprobe. - Verlag und Datenbank für Geisteswissenschaften und Collegium Europaeum Jenense - Weimar/Jena 2000. - 48 S. - 14,- DM - ISBN 3-89739-132-5

Kratschmer, E. (Hrsg.): Gerettete Texte. Ludvik Kundera: Berlin. - Verlag und Datenbank für Geisteswissenschaften und Collegium Europaeum Jenense - Weimar/Jena 2000. - 48 S. - 14,- DM - ISBN 3-89739-133-3

Kratschmer, E. (Hrsg.): Gerettete Texte. Gottfried Meinhold: Die Grenze.- Verlag und Datenbank für Geisteswissenschaften und Collegium Europaeum Jenense - Weimar/Jena 2000. - 168 S. - 20,- DM - ISBN 3-89739-137-6